ORIGINAL EN COULEUR
N° Z 93-120-3

Couvertures supérieure et inférieure manquantes

DEMOCRITE,

COMEDIE.

Le prix 20. ſ.

A PARIS,
Chez PIERRE RIBOU, proche les
Auguſtins, à la deſcente du Pont-neuf,
à l'Image S. Louis.

M. DCC.
AVEC PRIVILEGE DU ROY.

EXTRAIT DU PRIVILEGE du Roy.

PAr Grace & Privilege du Roy, donné à Versailles le vingt-uniéme Fevrier 1700. Signé, Par le Roy en son Conseil, LE FEVRE. Il est permis à PIERRE RIBOU Marchand Libraire à Paris, de faire imprimer *le Recueil des Pieces de Theatre du Sieur R**** pendant le temps de six années, à compter du jour que chaque Piece sera achevée d'imprimer pour la premiere fois ; Pendant lequel temps faisons tres-expresses défenses à toutes personnes de quelque qualité & condition qu'elles soient, de faire imprimer, vendre ny debiter d'autre Edition que de celle de l'Exposant, ou de ceux qui auront droit de luy, à peine de quinze cens livres d'amende, payables sans deport par chacun des contrevenans, & de tous dépens, dommages & interests, & autres peines portées plus au long par lesdîtes Lettres de Privilege.

Regiſtré ſur le Livre de la Communauté des Imprimeurs & Marchands Libraires de Paris le 22. Fevrier 1700.

Signé C. BALLARD, Syndic.

Achevé d'imprimer pour la premiere fois le 5. Mars 1700.

ACTEURS.

DEMOCRITE.

AGELAS, Roy d'Athenes.

AGENOR, Prince d'Athenes.

ISMENE, Princesse promise à Agelas.

STRABON, Suivant de Democrite.

CLEANTHIS, Suivante d'Ismene.

CRISEIS, cruë fille de Thaler.

THALER, Paysan.

UN INTENDANT.

UN MAISTRE D'HOSTEL.

La Scene est à Athenes.

DEMOCRITE,

DEMOCRITE,
COMEDIE.

ACTE I.
SCENE PREMIERE.

Le Theatre represente un desert, & une caverne dans l'enfoncement.

S. TRABON *seul.*

UE maudit soit le jour où j'eus la fantaisie
D'estre valet de pied de la Philosophie,
Depuis prés de deux ans je vis en cet endroit,
Mal vestu, mal couché, buvant chaud, mangeant froid,
Suivant de Democrite, en cette solitude,
Ce n'est qu'avec des Ours que j'ay quelque habitude,

A

DEMOCRITE,

Pour un homme d'esprit comme moy, ce sont gens
Fort mal moriginez, & peu divertissans,
Quand je songe d'ailleurs à la méchante femme,
Dont j'estois le mary, Dieu veüille avoir son ame;
Je la crois bien deffunte, & s'il n'estoit ainsi,
Le Diable n'eut manqué de l'apporter icy:
Depuis vingt ans & plus son extréme insolence
Me fit quitter Argos, le lieu de ma naissance,
J'erre depuis ce temps de climats en climats,
Et j'ay dans ce desert enfin fixé mes pas,
Quelques maux que j'endure en ce lieu solitaire,
Je me tiens trop heureux d'avoir pû m'en défaire,
Et je suis convaincu que nombre de maris
Voudroient de leur moitié se voir loin à ce prix :
Thaler vient, le Manant pour nostre subsistance,
Chaque jour du Village apporte la pitance,
Il nous fait bien souvent de fort mauvais repas;
Il faut prendre ou laisser, & l'on ne choisit pas.

SCENE II.

STRABON, THALER, *Paysant portant une sporte de jonc.*

THALER.

Bon jour, Strabon.

STRABON,

Bon jour;

THALER.

Voicy vostre ordinaire;

COMEDIE.

STRABON.
Bon, tant mieux, aujourd'huy ferons-nous bône chere,
Depuis deux ans je jeûne en ce desert maudit,
Un jeûne de deux ans cause un rude apetit.

THALER.
Morgué pour aujourd'huy j'ons tout mis par écuelle,
Et c'est pis qu'une noce.

STRABON.
Ah la bonne nouvelle !

THALER.
Voicy dans mon panier des dattes, des pignons,
Des noix, des raisins secs, & quantité d'oignons.

STRABON.
Quoy toujours des oignons, esprit philosophique
Que vous coutés de maux à ce cadavre etique.

THALER.
Je vous apporte aussi cette bouteille d'eau
Que j'ay prise en passant dans le plus clair ruisseau.

STRABON.
Une bouteille d'eau, le breuvage est ignoble,
Ce n'est donc point chez vous un Pays de vignoble ?
Tout est-il en oignons, n'y croist-il point de vin.

THALER.
Ouy da ; mais Democrite habile Medecin,
Dit que du vin l'on doit sur tout faire abstinence,
Quand on veut mourir tard.

STRABON.
Ah Ciel ! quelle ordonnance,
C'est mourir tous les jours que de vivre sans vin ;
Mais laisse Democrite achever son destin ;
C'est un homme bizare ennemy de la vie,
Qui voudroit m'immoler à la philosophie,
Me voir comme un fantosme ; & quand tu reviendras,
De grace, apporte-m'en le plus que tu pouras,

A ij

DEMOCRITE,

Mais du meilleur au moins, car c'est pour un malade,
Et je boiray pour toy la premiere rasade,
Entens-tu mon enfant.

THALER.
Je n'y manqueray pas.

STRABON
Où donc est Criseis qui suit par fois tes pas;
J'aime encore le sexe.

THALER.
Elle est morgué gentille,
Et Democrite....

STRABON.
Estant comme je crois ta fille,
Ayant de plus tes traits, & cet air si charmant,
Elle ne peut manquer de plaire assurément.

THALER.
Oh ce sont des effets de vostre complaisance;
Mais elle n'est pas tant ma fille que l'on pense.

STRABON.
Comment donc....

THALER.
Bon, qui sçait d'où je venons tretous.

STRABON.
C'est donc la mode aussi d'en user parmy vous,
Comme on fait à la Ville, où l'on voit d'ordinaire,
Qu'on ne se pique pas d'estre enfant de son pere.

THALER.
Suffit, je m'entens bien; mais enfin m'est avis
Que vostre Democrite en tient pour Criseis.

STRABON.
Pour Criseis.....

THALER.
Il a l'ame un tantet ferue.

COMEDIE.
STRABON.
Bon, bon....
THALER.
Je vous soutiens que je ne suis pas gruë,
Je flaire un amoureux, voyez-vous de cent pas,
Je vois qu'il est fâché quand il ne la voit pas.
STRABON.
Il est tout ocupé de la philosophie.
THALER.
Qu'importe, quand on void une fille jolie,
Le Diable est bien malin, & fait souvent son coup.
STRABON.
Parbleu je le voudrois, m'en couta-t'il beaucoup.
THALER.
Mais vous qui prés de luy passez ainsi la vie,
Que diantre faites-vous tous le jour.
STRABON.
Je m'ennuye,
Voila tout mon employ....
THALER.
Bon, vous vous moquez bien,
Et peut-on s'ennuyer lorsque l'on ne fait rien ?
STRABON.
Animé d'une ardeur vrayment philosophique,
Je m'estois figuré que dans ce lieu rustique,
Je vivrois affranchy du commerce des sens,
Et n'aurois pour mon corps nuls soins embarassans,
Qu'entierement défait de femme & de ménage,
Les passions sur moy n'auroient nul avantage ;
Mais je me suis trompé, ma foy bien lourdement,
Le corps contre l'esprit regimbe à tout moment.
THALER.
Et que fait Democrite, en cette grotte obscure?

A iij

STRABON.
Il rit....

THALER.
Il rit, dequoy....

STRABON.
De l'humaine nature :
Il soutient par raisons que les hommes sont tous
Sots, vains, extravagans, ridicules, & fous.
Pour les fuir, tout le jour il est dans sa caverne,
Et la nuit quand la Lune allume sa lanterne,
Nous grimpôs l'un & l'autre au sommet des rochers,
Plus eslevez cent fois que les plus hauts clochers,
Aux Astres en ces lieux nous rendons nos visites,
Nous voyons Jupiter avec ses satellites ;
Nous sçavons ce qui doit arriver icy bas,
Et je m'instruis, pour faire un jour des Almanachs.

THALER.
Des Almanachs ? morgué j'en voudrois sçavoir faire.

STRABON.
Hé bien changeons d'état, ce n'est pas une affaire,
Demeure dans ces lieux, & moy j'iray chez toy,
Tu deviendrois sçavant, tu sçaurois comme moy,
Que rien ne vient de rien, & que des particules,
Rien ne retourne en rien, de plus les corpuscules,
Les atosmes d'ailleurs par un secret lien,
Acrochez dans le vuide....tu m'entens bien.

THALER.
Fort bien.

STRABON.
Que l'ame, & que l'esprit n'est qu'une mesme chose,
Et que la verité que chacun se propose
Est dans le fond d'un puits.

THALER.
Elle peut s'y cacher,

COMEDIE.

Je ne croy pas tout franc que j'aille l'y chercher.
STRABON.
Mais raillerie à part, achete mon office,
Tu pourois dés ce jour entrer en exercice,
J'en feray mon marché.
THALER.
     C'est bien l'argent ma foy
Qui nous arresteroit, j'ay, si je veux, de quoy
Faire aller un carosse, & rouler à mon aise.
STRABON.
Et comment as-tu fait cela ne te deplaise ?
THALER.
Comment ? je le sçay bien, il suffit.
STRABON,
     Mais encor,
Aurois-tu par hazard trouvé quelque tresor?
THALER.
Que sçay-t-on ?...
STRABON.
   Un tresor, en quel lieu peut-il estre?
Dis-moy.
THALER.
  Bon, quelque sot, vous jazeriez peut-estre.
STRABON.
Non ma foy ?...
THALER.
  Vostre foy ?
STRABON.
    Je veux estre un maraut.
Si....
THALER.
  Vous me promettez.
STRABON.
    Parle donc au plûtost ?

Est-il loin d'icy.

THALER *tirant un riche bracelet.*
Non, le voilà dans ma poche.

STRABON
Le Coquin dans le bois a volé quelque Coche.
Juste Ciel! d'où te vient ce bijou plein de feu?

THALER,
De noftre femme.

STRABON.
Ah, ah, de ta femme? à quel jeu
L'a-t-elle donc gagné?

THALER.
Bon eft-ce mon affaire?
Mais Democrite vient, motus, il faut fe taire.

SCENE III.

DEMOCRITE, STRABON, THALER.

DEMOCRITE.
Suivant les Anciens & ce qu'ils ont écrit,
L'homme eft de fa nature un animal qui rit.
Cela fe voit affez, mais pour moy fans fcrupule,
Je veux le définir animal ridicule.

STRABON.
Ce debut n'eft pas mal.

DEMOCRITE.
Il eft à tout moment
La dupe de luy-mefme, & de fon changement.
Il aime, il hait, il craint, il efpere, il projete,
Il condamne, il approuve, il rit, il s'inquiete,

COMEDIE.

Il se fâche, il s'apaise, il évite, il poursuit,
Il veut, il se repent, il eleve, il détruit,
Plus leger que le vent, plus inconstant que l'onde,
Il se croit en effet le plus sage du monde :
Il est sot, orgueilleux, ignorant, inégal,
Je puis rire, je croy, d'un pareil animal.

STRABON.

Dans ce panégyrique où vostre esprit s'aiguise,
La femme, s'il vous plaist, n'est-elle pas comprise ?

DEMOCRITE.

Ouy, sans doute.

STRABON

En ce cas je suis de vostre avis.

DEMOCRITE.

Ah vous voila bon homme ; où donc est Criseis ?

THALER.

Je l'attendois icy : j'en ay le cœur en peine,
Elle s'est amusée au bord de la fontaine,
Elle tarde, & cela commence à me fâcher,
Elle viendra bien-tost, car je vais la chercher.

SCENE IV.

DEMOCRITE, STRABON.

STRABON.

Nous sommes dans ces lieux à l'abry des visites,
Des sots écornifleurs, & des froids parasites ;
Car je ne pense pas que nul d'entre-eux jamais
Y puisse estre attiré par l'odeur de nos mets ;

DEMOCRITE,

Voudriez-vous tâter dans cette conjoncture
D'un repas aprêté par la seule Nature.

        DEMOCRITE. *Il tire son dîner.*

Toûjours boire & manger, carnacier animal,
C'est bien fait, suis toûjours ton apetit brutal,
Le corps, ce poids honteux, où l'ame est asservie,
T'occupera-t-il seul le reste de ta vie ?

        STRABON.

Quand je nouris le corps, l'esprit s'en porte mieux.

        DEMOCRITE.

Ame stupide & grasse.

        STRABON.

              Elle est grasse à vos yeux,
Mais mon corps en revanche est maigre, dont j'enrage,
Je suis las à la fin de tout ce badinage,
Et si vous ne quittez les lieux où nous voila,
Je seray bien contraint moy de vous planter là,
Je suis un parchemin, mon corps est diaphane.

        DEMOCRITE.

Va, fuy de devant moy, retire-toy prophane,
Puisque ton cœur est plein de sentimens si bas,
Assez d'autres sans toy suivront icy mes pas;
Je voulois te guerir de tes erreurs funestes,
Te mener par la main aux regions celestes,
Affranchir ton esprit de l'empire des sens,
Tu ne merites pas la peine que je prens,
Animal sensuel qui n'oserois me suivre.

        STRABON.

Sensuel, j'en convient, j'aime à manger pour vivre,
Mais on ne dira pas que je sois amoureux.

        DEMOCRITE.

Qu'entens-tu donc par là ?

        STRABON.

                  J'entens ce que je veux.

COMEDIE.

Et vous ce qu'il vous plaist.
DEMOCRITE à part.
Sçauroit-il ma foiblesse;
Mais ce n'est pas à moy que ce discours s'adresse.
STRABON.
Estes-vous amoureux pour relever ce mot.
DEMOCRITE.
Democrite amoureux.
STRABON.
Seriez-vous assez sot
Pour donner comme un autre en l'erreur populaire.
DEMOCRITE à part.
Cela n'est que trop vray.
STRABON.
Vous chercheriez à plaire,
Et feriez le galand ? j'en rirois tout mon sou,
Mais je vous connois trop, vous n'estes pas si fou.
DEMOCRITE. à part.
Que je soufre en dedans, & qu'il me mortifie.
STRABON.
Vous avez le rempart de la philosophie,
Et lorsque le cœur veut s'émanciper par fois,
La Raison aussi-tost lui donne sur les doigts.
DEMOCRITE.
Il est des passions que l'on a beau combatre,
On ne sçauroit jamais tout-à-fait les abatre,
Sous la sagesse en vain on se met à couvert,
Toûjours par quelqu'endroit nostre cœur est ouvert,
L'Homme fait malgré luy souvent ce qu'il condamne.
STRABON.
Va, fuy de devant moy, retire-toy prophane,
Puisque ton cœur est plein de sentimens si bas,
Assez d'autres sans toy suivront ailleurs mes pas,
Animal sensuel.

DEMOCRITE,
DEMOCRITE.
Quoy ? tu croy donc que j'aime,
Je voudrois me cacher ce secret à moy-même.
STRABON.
Le Ciel m'en garde ; mais j'ay crû m'apercevoir
Que les Filles vous font encor plaisir à voir,
Vostre humeur ne m'est pas tout-à-fait bien connuë,
Ou Criseis par fois vous réjoüit la veuë.
DEMOCRITE.
D'accord, son cœur novice à l'infidelité
Par le commerce humain n'est point encor gasté,
La Verité se voit en elle toute pure,
C'est une fleur qui sort des mains de la nature.
STRABON.
Vous avez fait divorce avec le genre humain,
Mais vous vous racrochez encor au feminin.
DEMOCRITE.
Tu te mocques de moy : mais Criseis s'avance,
Sur son front pudibond brille son innocence.

SCENE V.

CRISEIS, DEMOCRITE, STRABON.

CRISEIS.

JE cherche icy mon Pere, & ne le trouve pas,
Jusqu'assez prés d'icy j'avois suivy ses pas,
Ne l'avez-vous point vû ? dites-moy je vous prie,
Seroit-il retourné ?
DEMOCRITE à part.
Dans mon ame attendrie

Je

COMEDIE.

Je sens en la voyant la raison & l'amour;
L'Homme & le Philosophe agités tour à tour.
STRABON.
N'avez-vous point, la belle, en vostre promenade
Donné sans y penser prés de quelqu'embuscade;
On trouve quelquefois au milieu des forêts
Des Silvains pétulans, des Faunes indiscrets,
Qui du soir au matin vont à la picorée,
Et n'ont nulle pitié d'une fille égarée.
CRISEIS.
Jamais je ne m'égare, & grace à mon destin,
Je ne rencontre point telles gens en chemin.
Je m'estois arrestée au bord d'une fontaine,
Dont le charmant murmure, & l'onde pure & saine
M'invitoit à laver mon visage & mes mains.
STRABON.
C'est aussi tout le fard dont j'use les matins.
DEMOCRITE.
Tu vois, Strabon, tu vois, c'est la pure nature,
Son teint n'est point encor noury dans l'imposture,
Elle doit son éclat à sa seule beauté.
STRABON.
Son visage est tout neuf, & n'est point frelaté.
DEMOCRITE.
Ce fard que vous prenez au bord d'une onde claire
Fait voir que vous avez quelque dessein de plaire.
CRISEIS.
D'autres soins en ces lieux m'occupent tout le jour.
DEMOCRITE.
Sçauriez-vous par hazard ce que c'est?...
CRISEIS.
Quoy?
STRABON.
L'amour.

B

DEMOCRITE,
CRISEIS.
L'amour....
STRABON.
Oüy, l'amour.
CRISEIS.
Non.
DEMOCRITE.
Je veux vous en instruire.
Je tremble, & je ne sçay ce que je vais luy dire.
STRABON.
Quoy vous qui raisonnez philosophiquement,
Qui parlez à vos sens imperativement,
Qui voyez face à face Etoiles & Planetes,
Une fille vous met en l'état où vous estes ?
Vous tremblez ; allons donc, montrez de la vigueur.
DEMOCRITE.
Tant de trouble jamais ne regna dans mon cœur;
L'Amour est en effet ce qu'on a peine à dire,
C'est une passion que la Nature inspire,
Un appetit secret dans le cœur répandu
Qui meut la volonté de chaque individu
À se perpetuer, & rendre son espece....
STRABON.
Pour un homme d'esprit vous parlez mal tendresse,
L'Amour, ne vous déplaise, est un je ne sçay quoy
Qui vous prend, je ne sçay, ny par où, ny pourquoy,
Qui va je ne sçais où, qui fait naistre en nostre ame
Je ne sçay quelle ardeur que l'on sent pour la femme,
Et ce je ne sçay quoy qui paroît si charmant
Sort enfin de nos cœurs, & je ne sçay comment.
CRISEIS.
Vous me parlez tous deux une langue étrangere,
Et moins qu'auparavant je connois ce mystere :

COMEDIE.

L'amour n'est pas, je croy, facile à pratiquer,
Puisqu'on a tant de peine à pouvoir l'exprimer;
Mon esprit est borné, je ne veux point aprendre
Les choses qui me font tant de peine à comprendre.

STRABON.

En exerçant l'amour vous le comprendrez mieux,
Qui peut si brusquement nous surprendre en ces lieux.

SCENE VI.

AGELAS, AGENOR, *en habit de Chasseur,*
DEMOCRITE, CRISEIS, STRABON.

AGELAS.

Demeurons dans ce bois, laissons aller la chasse,
Attendons quelque temps que la chaleur se passe,
Mais que vois-je.

STRABON.

    Voilà peut-estre de ces gens
Qui vont par les forêts détrousser les passans.

CRISEIS.

Pour moy je ne voy rien dans leur air qui m'étonne.

AGELAS.

Aprochons, que d'apas! Ciel! l'aimable personne,
Et comment se peut-il que ces sombres forêts
Renferment un objet si doux, si plein d'attraits!

STRABON.

Tout cela ne vaut rien, ces gens-cy dans leur course
Paroissent en vouloir plus au cœur qu'à la bourse,
Sauvons-nous.

B ij

DEMOCRITE,

AGELAS.

Permettez qu'en ce sauvage endroit
On rende à vos apas l'homage qu'on leur doit,
Soufrez....

DEMOCRITE.

Plus long discours seroit fort inutile,
Vous estes égarez du chemin de la Ville,
Cela se voit assez, mais quand il vous plaira,
Dans la route bien-tost Strabon vous remettra.

AGELAS.

Un Cerf que nous poussons depuis trois ou quatre heu-
res,
Nous a par les détours conduit dans ces demeures,
Et j'ay mis pied à terre en ces lieux détournez.

DEMOCRITE.

Vous estes donc Chasseurs?

AGELAS.

Des plus déterminez.

DEMOCITE.

Ah je m'en rejoüis : prendre bien de la peine,
Se tüer, s'exceder, se mettre hors d'haleine,
Interrompre au matin un tranquile sommeil,
Aller dans les forêts prévenir le Soleil,
Fatiguer de ses cris les échos des montagnes,
Passer en plein midy les gueréts, les campagnes,
Dans les plus creux vallons fondre en desesperez,
Percer rapidement les bois les plus fourez,
Ignorer où l'on va, n'avoir qu'un chien pour guide,
Pour faire fuir un cerf qu'une feüille intimide,
Manquer la beste enfin aprés avoir couru,
Et revenir bien-tard, moüillé, las, & recru,
Estropié souvent, dites-moy, je vous prie,
Cela ne vaut-il pas la peine qu'on en rie.

COMEDIE.

AGENOR.
Ces occupations & ces nobles travaux,
Sont les amusemens des plus fameux Héros,
Et lorsqu'à leurs souhaits ils ont calmé la terre,
Ils meslent dans leurs jeux l'image de la guerre.

AGELAS.
Mais sans trop témoigner de curiosité,
Peut-on sçavoir quelle est cette jeune beauté.

STRABON.
Dequoy vous meslez-vous ?

AGELAS.
On ne peut voir paroistre
Un si charmant objet sans vouloir le connoistre.

STRABON.
Allez courir vos cerfs, s'il vous plaist.

AGENOR.
Sçais-tu bien,
A qui tu parles là ?

STRABON.
Moy, non, je n'en sçay rien.

AGENOR.
Sçay-tu que c'est le Roy ?

STRABON.
Le Roy soit, que m'importe,

AGENOR.
Mais voyez ce maraut de parler de la sorte.

STRABON.
Maraut, sçachez, Monsieur, que ce n'est point mon nom,
Et si vous l'ignorez, je m'apelle Strabon,
Philosophe sublime autant qu'on le peut estre,
Suivant de Democrite, & vous voyez mon Maistre,

B iij

AGELAS.

Quoy je verrois icy cet homme si divin,
Cet esprit si vanté, ce Democrite enfin
Que son profond sçavoir jusques aux Cieux éleve.

STRABON.

Oüy, Seigneur, c'est luy-même, & voilà son éleve.

AGELAS.

Pardonnez, s'il vous plaist, mes indiscretions,
Je trouble avec regret vos meditations,
Mais la longue fatigue & le chaud qui m'accable...

DEMOCRITE.

Vous venez à propos, nous nous mettions à table,
Vous prendrez vostre part d'un tres frugal repas,
Mais il faut excuser, on ne vous attend pas,
Ce sera de bon cœur & sans cérémonie.

AGELAS.

De manger à present, je ne sens nulle envie,
Mais je veux toutefois sortant de ce desert
Vous rendre le repas que vous m'avez offert.

STRABON.

Sire, vous vous mocquez.

AGELAS.

    Je veux que dans une heure
Vous quittiez tous les deux cette triste demeure
Pour venir à ma Cour.

DEMOCRITE.

   Qui ? nous Seigneur ?

AGELAS.

     Oüy vous,

STRABON.

Que je m'en vais manger.

AGELAS.

    Vous viendrez avec nous,

COMEDIE.
DÉMOCRITE.
Moy que j'aille à la Cour, grands Dieux qu'irois-je
 faire ?
Mon esprit peu liant, mon humeur trop sincere,
Ma maniere d'agir, ma critique, & mes ris,
M'attireroient bien-tost un monde d'ennemis.
AGELAS.
Je seray vostre appuy, quoyqu'on dise, ou qu'on fasse;
Je vous demande encor une seconde grace,
Et vostre cœur, je croy, n'y resistera pas,
C'est que ce jeune objet accompagne vos pas,
Y repugneriez-vous ?
CRISEIS.
     Je depens de mon Pere,
Sans son consentement je ne sçaurois rien faire;
Mais j'aurois grand plaisir de le suivre en des lieux
Où l'on dit que tout rit, que tout est somptueux,
Où les choses qu'on voit sont pour moy si nouvelles,
Les hommes si bien-faits....
STRABON.
     Les femmes si fidelles.
DEMOCRITE.
Que vous connoissez mal les lieux dont vous parlez.
CRISEIS.
Je les connoîtray mieux bien-tost si vous voulez :
Vous avez sur mon Pere une entiere puissance,
Vous n'avez qu'à parler.
DEMOCRITE.
     Vous vous mocquez je pense ?
Examinez-moy bien, ay-je du bas en haut,
Pour estre courtisan, la taille & l'air qu'il faut.
CRISEIS.
J'attens de vos bontez cette faveur extréme,

DEMOCRITE,

Ne me refusez pas ?

DEMOCRITE à part.

Pourquoy faut-il que j'aime ?

Mais, Seigneur !

AGELAS.

A mes vœux daignez tout accorder,
Songez qu'en vous priant j'ay droit de commander,
Je le veux ?

DEMOCRITE.

Il suffit.

AGELAS.

La resistance est vaine ;
J'ay des gens, des chevaux, dans la route prochaine,
Pour se rendre en ces lieux, on va les avertir,
Toy prens soin Agenor de les faire partir ;
Je vous laisse : Sur tout cette aimable personne.

AGENOR.

Qu'à mes soins diligens vostre cœur s'abandonne.

SCENE VII.

THALER, AGENOR, DEMOCRITE, CRISEIS, STRABON.

THALER.

Morgué je n'en puis plus, je vous cherche par tout,
J'ay couru la forest de l'un à l'autre bout
Sans pouvoir....

COMEDIE.
STRABON.
Paix, tay-toy, va plier ton bagage;
Nous allons à la Cour, on t'a mis du voyage.
THALER.
A la Cour ?
STRABON.
Ouy parbleu.
THALER.
Tu te gausses de moy.
STRABON.
Non, le Roy veut te voir, il a besoin de toy.
THALER.
Pargué j'iray fort bien sans repugnance aucune;
Pourquoy non, m'est avis que j'y feray fortune.
AGENOR.
Ne perdons point de temps, suivons nostre projet.
STRABON.
Partons quand vous voudrez, mon paquet est tout fait.
DEMOCRITE.
Quel voyage, grands Dieux ! c'est à vostre priere,
Que je fais une chose à mon cœur si contraire;
Mais pour vous Criseis, que ne feroit-on pas,
Que je sens là dedans de trouble & de combats.
STRABON.
Adieu forests, rochers, adieu caverne obscure,
Insensibles témoins de la faim que j'endure,
Adieu Tigres, Ours, Cerfs, Dains, Sangliers, & Loups,
Si pour philosopher je reviens parmy vous,
Je veux qu'une Panthere avec sa dent gloutonne
Ne fasse qu'un repas de toute ma personne,
Je suis vostre valet, loin de ce triste lieu,
Je vais boire & manger, bon jour, bon soir, adieu.

Fin du premier Acte.

ACTE II.

Le Theatre represente le Palais d'Agelas Roy d'Athenes.

SCENE PREMIERE.

ISMENE, CLEANTHIS.

CLEANTHIS.

SI j'avois le secret de deviner la cause
Du chagrin qu'à mes yeux vostre visage
    expose,
De cet ennuy soudain qui vous tient sous
ses loix,
Nous nous épargnerions deux peines à la fois,
Moy de le demander, & vous de me le dire ;
Mais puisque sans parler je ne puis m'en instruire,
Dites-moy, s'il vous plaist, depuis une heure ou deux,
Quel nuage a troublé l'éclat de vos beaux yeux ?
Quel sujet vous oblige à répandre des larmes ?
Le Roy plus que jamais est épris de vos charmes,
Il vous aime, & de plus une supréme loy
L'oblige à vous donner & sa main & sa foy,
Et quand même il romproit une si douce chaîne,
Agenor est un Prince assez digne d'Ismene :
Je sçay qu'il vous adore, & qu'il n'ose à vos yeux
Par respect pour le Roy faire éclater ses feux.

COMEDIE.
ISMENE.

Je veux bien avoüer qu'un manque de Couronne
Est l'unique deffaut qui soit en sa personne,
Et qu'Agenor auroit tous les vœux de mon cœur ;
S'il estoit un peu moins sensible à la grandeur ;
Mais enfin un chagrin que je ne puis comprendre,
Ma chere Cleanthis, est venu me surprendre,
Je le chasse, il revient, & je ne sçay pourquoy
Ce jour plus qu'aucun autre il cause mon effroy.

CLEANTHIS.

On ne peut vous ôter le Sceptre & la Couronne,
Et le rang glorieux que le destin vous donne :
Je vous l'aprens encor si vous ne le sçavez,
J'en suis un peu la cause, & vous me le devez.

ISMENE.

Comment ?

CLEANTHIS.

Ecoutez-moy. La Reine vostre Mere
Abandonnant Argos, où mourut vostre Pere,
Par un second hymen épousa le feu Roy
Qui regnoit en ces lieux, mais avec cette loy
Que, si d'aucun enfant il ne devenoit pere,
Du Trône Athenien vous seriez l'héritiere,
Et que son successeur deviendroit vostre Epoux ;
La Reine eût une fille, & l'aimant moins que vous,
Elle trouva moyen de changer cette fille,
Et de mettre un enfant pris d'une autre famille,
De même âge à peu prés, mais moribond, mal sain,
Et qui mourut aussi, je croy, le lendemain :
Moy j'allay cependant sans tarder davantage
Porter, nourir l'enfant dans un lointain vilage,
Un pauvre païsan que l'or sçeut engager,
De ce fardeau pour moy voulut bien se charger ;

Je luy dis que l'enfant tenoit de moy naissance,
Qu'il devoit avec soin élever son enfance ;
Je luy cachay toûjours son nom & son païs,
Le Pastre crût enfin tout ce que je luy dis :
Quinze ans se sont passez depuis cette avanture,
Vostre Mere a payé les droits à la nature,
Et depuis ce long-tems aucun mortel, je crois,
N'a pût de cette fille avoir ny vent ny voix.

ISMENE.

Je sçay depuis long-temps ce que tu viens de dire,
Ta bouche avoit deja pris soin de m'en instruire,
Ce souvenir encor augmente ma terreur,
Et vient justifier le trouble de mon cœur.
N'as-tu point remarqué qu'au retour de la chasse
Le Roy rêveur, distrait a paru tout de glace,
Ses regards inquiets m'ont dit son embaras,
Il sembloit m'éviter & détourner ses pas :
Ah ! Cleanthis, je crains que quelque amour nouvelle
Ne luy fasse....

CLEANTHIS.

Ah voilà l'ordinaire querelle,
C'est une étrange chose, Il faut que les Amans
Soient toûjours de leurs maux les premiers instrumens,
Qu'un homme par hazard ait détourné la veuë
Sur quelque objet nouveau qui passe dans la ruë,
Qu'il ait paru rêveur, enjoüé, gay, chagrin,
Qu'il n'ait pas ry, pleuré, parlé, que sçay-je enfin,
Voilà la jalousie aussi-tost en campagne,
D'une mouche on luy fait une grosse montagne,
C'est un traître, un ingrat, c'est un monstre odieux,
Et digne du couroux de la Terre & des Cieux ;
Il faut aller plus doux dans le siecle où nous sommes,
On doit par fois passer quelque fredaine aux hommes,

Fermer

COMEDIE.

Fermer souvent les yeux, bien-entendu pourtant
Que tout cela se fait à la charge d'autant.
ISMENE.
Pour un cœur délicat qu'un tendre amour engage,
Un calme si tranquile est d'un pénible usage,
Toûjours quelque soupçon renaist pour l'allarmer,
Ah ! que tu connois mal ce que c'est que d'aimer ?
CLEANTHIS.
Oüy ! je me suis d'aimer par fois licentiée,
J'ay fait pis, dans Argos je me suis mariée.
ISMENE.
Toy mariée.
Cleanthis.
Oüy moy, mais à mon grand regret ;
Autant que je le puis, je tiens le cas secret ;
Avant que les destins touchez de ma misere
Eussent fixé mon sort auprés de vostre mere,
J'avois fait ce beaucoup, mais à vous dire vray,
Ce Mariage là n'estoit qu'un coup d'essay :
J'avois pris un mary brutal, jaloux, bizarre,
Gueux, joüeur, débauché, capricieux, avare,
Comme ils sont presque tous ; je l'ay tant tourmenté,
Excedé, maltraité, rebuté, molesté,
Qu'enfin il m'a privé de sa veuë importune,
Le Diable l'a mené chercher ailleurs fortune.
ISMENE.
Est-il mort ?
CLEANTHIS.
Autant vaut. Depuis vingt ans & plus
Qu'il a pris son party, nous ne nous sommes vûs,
Et quand même en ces lieux il viendroit à paroistre,
Nous nous verrions, je croy, tous deux sans nous connoistre ;
J'ay bien changé d'état, & lorsqu'il s'en alla,
Je n'estois qu'un enfant haute comme cela.

C

DEMOCRITE,

ISMENE.

Ta belle humeur pourroit me sembler agréable,
Si de quelque plaisir mon cœur estoit capable.

CLEANTHIS.

Pour chasser le chagrin, Madame, où je vous voy,
Consentez, je vous prie, à venir avec moy
Pour voir un animal qu'en ces lieux on ameine,
Et que le Prince a pris dans la forest prochaine ;
Il tient à ce qu'on dit, & de l'homme & de l'Ours,
Il parle quelquefois, & rit presque toûjours,
On apelle cela, je pense.... un Democrite.

ISMENE.

Tu rends assurément peu d'honneur au merite ;
L'animal dont tu fais un portrait non commun,
Est un grand Philosophe.

CLEANTHIS.

Hé, n'est-ce pas tout un ?

ISMENE.

Tu peux aller le voir, mais pour moy, je te prie,
Laisse-moy quelque temps toute à ma rêverie,
J'en fais mon seul plaisir, tout ce que tu m'as dit,
Et mes jaloux soupçons m'occupent trop l'esprit.

CLEANTHIS.

Quelqu'un s'avance icy. Je m'en vais vous conduire,
Et reviendray pour voir cet homme qu'on admire.

SCENE II.

STRABON *en habit de Cour.*

Quand on a de l'esprit, ma foy vive la Cour,
C'est là qu'il faut venir se montrer au grand jour,

Et c'est mon centre à moy, bon vin, bonne cuisine,
J'ay calmé les fureurs d'une guerre intestine ;
J'ay d'abord pris ma part de deux repas exquis,
Et me voila déja vêtu comme un Marquis,
Cela me sied bien. Mais quelqu'un icy s'avance,
C'est Thaler, Justes Dieux ! quelle magnificence ?

SCENE III.

THALER *en habit de Cour par dessus son habit de païsan*, STRABON.

THALER.

Oh dame voyez-vous, tout franc je n'aime pas
Qu'on se rie à mon nez, & qu'on suive mes pas,
Si qu'elqu'un vient encor se gausser davantage,
Je luy sangle d'abord mon poing par le visage.

STRABON.

D'où te vient, mon enfant, l'humeur où te voila ?

THALER.

Morgué, je ne sçay pas quelle graine c'est là
Ils sont un regiment de diverses figures,
Jaune, gris, vert, enfin de toutes les peintures,
Qui sont tous après moy comme des possedez.
Palsangué le premier....

STRABON.

                      C'est qu'ils sont enchantez
De voir un Gentil-homme avec si bonne mine,
Un port si gracieux, une taille si fine.

THALER.

Me voila

STRABON.
Je te voy.
THALER.
Je n'ay pas méchant air,
N'eſt-ce pas ?
STRABON.
Je me donne au grand Diable d'Enfer,
Si Seigneur à la Cour dans ſes airs de conqueſte
Eſt mieux paré que toy des pieds juſqu'à la teſte.
THALER.
Je ſuis ſans vanité bien tourné, quand je veux,
Et j'ay, quand il me plaiſt, tout autant d'eſprit qu'eux;
Qui fait le bel oyſeau, c'eſt, dit-on, le plumage;
Noſtre fille eſt de meſme en fort bon équipage :
Allons, faut dire vray, je ſuis content du Roy,
Morguenne, il en agit rondement avec moy ;
Ils m'ont bien fait dîner, c'eſt un plaiſir extrême
D'avoir grand apetit & l'eſtomach de même,
Lorſque l'on peut tous deux les contenter, s'entent,
J'ay mangé comme quatre, & j'ay trinqué d'autant.
STRABON.
Tu te trouves donc bien en cette hôtellerie ?
THALER.
J'y ſerois volontiers tout le temps de ma vie,
L'état où je me voy me fait émerveiller,
M'eſt avis que je réve, & crains de m'éveiller.
STRABON.
Malgré tes beaux habits ton air gauche & ſauvage,
Tient encor à mes yeux quelque peu du vilage ;
Plante-toy ſur tes pieds, te voilà comme un ſot,
L'on auroit plus d'honneur d'habiller un fagot,
Des airs dévelopez, allons, fay-toy de feſte,
Remüe un peu les bras, balance-toy la teſte,

COMEDIE.

De la vivacité, dance, prens du tabac,
Ne tens pas tant le dos, renfonce l'estomac.

THALER. *Il luy donne un coup dans le dos*
& un autre dans l'estomach.

Oh morgué bellement, comme vous estes rude,
J'ay l'estomach démis.

STRABON.
Ce n'est là qu'un prélude.

THALER.
Achevez donc tout seul.

STRABON.
Paix, Democrite vient,
Pren d'un jeune Seigneur la taille & le maintien.

THALER.
Non morgué je m'en vais, aussi-bien je petille;
Mis, comme me voila d'aller voir nostre fille.

SCENE IV.

DEMOCRITE *suivy d'un Intendant, d'un*
Maistre d'hôtel, & de quatre grands Laquais,
STRABON.

DEMOCRITE.

EN ces lieux comme ailleurs je voy de toutes parts
Mille plaisans objets attirer mes regards :
Les Grands & les Petits, la Cour comme la Ville,
Pour rire à mon plaisir tout m'offre un champ fertile,
Et me voyant aussi dans un riche Palais,
Entouré d'officiers, escorté de valets,

C iij

DEMOCRITE,

Transporté tout d'un coup de mon sejour paisible,
Je me trouve moy-même un sujet fort risible.
Vous qui suivez mes pas, que voulez-vous de moy ?

L'INTENDANT.

Je suis auprés de vous par l'ordre exprés du Roy;
Il prétent, s'il vous plaist, m'accorder cette grace,
Que de vostre Intendant je prenne icy la place,
Et je viens vous offrir mes soins & mon sçavoir.

DEMOCRITE

Mais, je n'ay nulle affaire, & n'en veux point avoir.

L'INTENDANT.

C'est aussi pour cela qu'officier necessaire,
Reglant vostre maison j'auray soin de tout faire;
J'aferme, je reçois, je dispose des fonds,
Des Valets...

DEMOCRITE.

      Ah tant mieux puisque dans les maisons
Vous avez sur les gens un pouvoir despotique,
De grace reformez tout ce vain domestique,
Je ne sçaurois souffrir toûjours à mes costez
Ces quatre grands Messieurs droits sur leurs pieds
  plantez.

L'INTENDANT.

Il est de la grandeur d'avoir un gros cortege.

DEMOCRITE.

Quoy ? si je veux tousser, cracher, moucher, que
  sçay-je ?
Et le jour & la nuit faudra-t-il que quelqu'un
Tienne de tous mes faits un registre importun.

L'INTENDANT.

Des gens de qualité c'est l'ordinaire usage.

DEMOCRITE.

Cet usage à mon gré n'est ny prudent ny sage.

COMEDIE.

Les hommes qui souvent font tout mal à propos,
Et qui devroient cacher leur foible & leurs deffaux,
Sont toûjours les premiers à montrer leurs bestises,
Pour faire à tout moment, & dire des sottises.
A quoy bon, s'il vous plaist, payer tant de témoins ?
Messieurs, laissez-moy seul, & trêve de vos soins ;
Et vous, que vous plaist-il ?

LE MAISTRE D'HOSTEL.

Le Prince à vous m'envoye,
Et pour Maistre d'hôtel il veut que je m'employe.

STRABON.

Bon, voicy le meilleur.

DEMOCRITE.

C'est entre vous & moy
Auprés d'un Philosophe un fort chétif employ,

LE MAISTRE D'HOSTEL.

J'espere avec honneur remplir mon ministere,
Et vous n'aurez, je croy, nul reproche à me faire.

DEMOCRITE.

J'en suis persuadé de reste.

L'INTENDANT.

Ce n'est point
Parce que l'amitié l'un à l'autre nous joint,
Mais je répons de luy, c'est un tres-honneste homme,
Fidele, incorruptible, équitable, œconome ;

bas.

Ne vous y fiez pas, je vous en avertis.

LE MAISTRE D'HOSTEL.

Quand je ne serois pas au rang de vos amis,
Je publirois par tout que l'on ne trouve gueres
D'homme plus entendu que vous dans les affaires,
Plus des-interessé, plus actif, plus adroit,

bas.

Prenez-y garde au moins, il ne va pas bien droit.

DEMOCRITE,
L'INTENDANT.
Monsieur en verité vous estes trop honneste;
On sçait vostre bon goût pour conduire une feste,
Nul n'entend mieux que vous à donner un repas
En aussi peu de temps, sans bruit, sans embaras.
bas.
C'est un homme qui n'a l'ame ny la main nette,
Et qui gagne moitié sur tout ce qu'il achepte.
LE MAISTRE D'HOSTEL.
Tout le monde connoit vostre esprit éclairé,
A gagner le procez le plus desesperé,
A netoyer un bien, à liquider des dettes,
Que dans une maison un long desordre a faites.
bas.
C'est un homme sans foy qui prend de toute main,
Et ne fait pas un bail qu'il n'ait un pot de vin.
DEMOCRITE.
Messieurs, je suis ravy qu'en vous rendant service,
Tous deux en mesme temps vous vous rendiez justice:
Allez, continuez, aimez-vous bien toûjours,
Et servez-vous ainsi le reste de vos jours;
Cette rare amitié, cette candeur sublime
Me fait naistre pour vous encore plus d'estime,
Adieu.

SCENE V.

DEMOCRITE, STRABON.

~~STRABON.~~ *Democrite.*

TU ne ris pas de ces deux bons amis,
Tu peux juger, Strabon, des grands par les petits,
De ces lâches flateurs qui hautement vous loüent,
Et dans l'occasion tout bas se desavoüent,
De ces menteurs outrés, ces caracteres bas
Qui disent tout le bien & le mal qui n'est pas,
Des faux amis du temps reconnois les manieres
Peut-estre ces deux là sont-ils des plus sinceres :
Mais changeons de propos, que dis-tu de la Cour ?

STRABON.

Toute sorte de biens, & vous à vostre tour
Parlez à cœur ouvert, qu'en dites-vous vous-même ?

DEMOCRITE.

Tu t'imagines bien que ma joye est extrême
D'y voir certaines gens tout fiers de leur maintien,
Qui ne desparlent pas, & qui ne disent rien,
D'y rencontrer par tout des visages d'attente,
Qui n'ont que l'esperance & les desirs pour rente,
D'autres dont les dehors affectés & pieux
S'efforcent du duper les hommes & les Dieux,
Des complaisans en charge & payez pour soûrire
Aux sottises qu'un autre est toûjours prest à dire,
Celuy-cy qui bouffy du rang de son ayeul
Se respecte soy-même, & s'admire tout seul :

DEMOCRITE,
Je te laisse à juger si de tant de matiere
J'ay pour rire à plaisir une vaste carriere.
STRABON.
Je m'en raporte à vous.
DEMOCRITE.
Dans ce nouveau païs
Dis-moy que dit, que fait, que pense Criseis ?
STRABON.
Si l'on en peut juger à l'air de son visage,
Elle se plaist icy bien mieux qu'en son Village ;
Elle a pris comme moy d'abord les airs de Cour,
Elle veut déja plaire & donner de l'amour.
DEMOCRITE.
Que dis-tu ?
STRABON.
Vous sçavez qu'en Princesse on la traite,
Je la voyois tantost devant une toillette,
D'une mouche assassine irriter ses attraits,
Elle donne déja le bon tour aux crochets,
Elle montre avec art, quoy que novice encore,
Une gorge timide, & qui voudroit éclore,
Agelas l'observoit d'un œil plein de desirs.
DEMOCRITE.
Agelas ?
STRABON.
Ouy par fois il poussoit des soûpirs,
Et je suis fort trompé si le Roy pour la belle,
Ne ressent de l'amour quelque vive étincelle.
DEMOCRITE.
Juste Ciel ! quoy déja :
STRABON.
L'on va viste en ces lieux,
Et l'air de ce pays est fort contagieux.

COMEDIE.
DEMOCRITE.
Et comment Criseis prent-elle cet homage,
Semble-t'elle répondre à ce muet langage ;
Montre-t'elle l'entendre.
STRABON.
     Oh vraiment je le croy,
Elle l'entent déja mieux que vous & que moy ;
Elle a de certains yeux, de certaines manieres,
Des souris attrayants, des mines meurtrieres :
Oh vive la nature.
DEMOCRITE.
      En sçavoir déja tant.
STRABON.
Si le Prince l'aimoit, le cas seroit plaisant.
Euh ?
DEMOCRITE.
  Ouy :
STRABON.
   Que diriez-vous qu'un Roy cherchant à plaire,
Comme un avanturier donnast dans la Bergere.
DEMOCRITE.
J'en rirois tout à fait.
STRABON.
     Que nous serions heureux,
Nostre fortune icy seroit faite à tous deux.
L'amour est, je l'avoüe, une belle manie,
Les hommes sont bien foux, rions-en je vous prie ;
Je les trouve à present presque aussi sots que vous.
DEMOCRITE *à part*.
Il ne me manquoit plus que d'estre encor jaloux ;
J'étoufe, & je sens là certain poids qui m'opresse.
STRABON.
D'où vous vient, s'il vous plaist, cette sombre tristesse,

DEMOCRITE;
Du bien de Criseis n'estes-vous pas content?
Pourquoy cet air chagrin à vous qui riez tant.
DEMOCRITE.
Ces feux pour Criseis me donnent quelque ombrage,
Son education est mon heureux ouvrage;
Elle est sous ma conduite arrivée en ces lieux,
Et j'en dois prendre soin.
STRABON.
              On ne peut faire mieux.
DEMOCRITE.
Agelas à grand tort d'employer sa puissance
A vouloir d'un enfant surprendre l'innocence,
Qui doit estre en sa Cour en toute seureté.
STRABON.
C'est violer les droits de l'hospitalité.
DEMOCRITE.
Mais il faut empescher que cet amour n'augmente;
Et pour mieux étoufer cette flame naissante,
Je vais le conjurer de nous laisser partir.
STRABON.
Parlez pour vous, d'icy je ne veux point sortir,
Je m'y trouve trop bien.

SCENE

COMEDIE.

SCENE VI.
STRABON seul.

MA foy le Philosophe
D'un feu long & discret, dans son harnois s'échaufe,
Le pauvre Diable en a tout autant qu'il en faut,
Et toute sa morale a parbleu fait le saut ;
Allons sur ses pas... Mais quelle est cette égrillarde,
Qui d'un œil curieux me tourne & me regarde.

SCENE VII.
CLEANTHIS, STRABON.

CLEANTHIS.

Voila certes quelqu'un de ces nouveaux venus,
Et ces traits là me sont tout à fait inconnus.
STRABON.
Mon port luy paroist noble, & ma mine assez bonne,
La Princesse a je croy dessein sur ma personne :
Il ne faut point icy perdre le jugement,
Mais en homme d'esprit tourner un compliment.
Madame, s'il est vray, selon nos axiômes
Que tous corps icy bas sont composez d'atômes,

D

DEMOCRITE,

Chacun doit convenir, en voyant vos attraits,
Que le vostre est formé d'atomes bien parfaits,
Ces organes subtils, d'où vostre esprit transpire,
Avant que vous parliez, font que je vous admire.

CLEANTHIS.
A vostre air étranger on devine aisément.

STRABON.
A mon air étranger, parlez plus congrûment ?
Je suis homme de Cour, & pour la politesse,
J'en ay sans me vanter de la plus fine espece.

CLEANTHIS.
Un esprit méprisant ne m'a point fait parler,
Et tous nos Courtisans voudroient vous ressembler.

STRABON.
Je le croy ?

CLEANTHIS.
Je voulois par vous-mesme m'instruire,
Quel sujet, quelle affaire à la Cour vous attire.

STRABON.
C'est par l'ordre du Roy que j'y viens aujourd'huy,
Je suis sans me vanter assez bien avec luy,
Le plaisir de nous voir quelquefois nous r'assemble,
Et nous devons je croy ce soir souper ensemble.

CLEANTHIS.
C'est un honneur qu'il fait à peu de courtisans.

STRABON.
D'accord, mais il sçait vivre, & connoist bien ses gens
Pour convive je suis d'une assez bonne étofe,
Suivant de Democrite, & garçon philosophe.

CLEANTHIS.
On le voit, vostre esprit éclate dans vos yeux.

STRABON.
Madame,

COMEDIE.

CLEANTHIS.
Tout en vous est noble & gracieux.

STRABON.
Madame about portant vous tirez la loüange,
Je veux estre un maraut si mes sens en échange,
Auprés de vos apas ne sont tout stupefaits.

CLEANTHIS.
Peu de cœurs devant vous ont conservé leur paix.

STRABON
Ah! Madame, il est vray qu'on est fait d'un modelle
A ne pas attaquer vainement une belle;
On sçait de son esprit se servir à propos,
Se plaindre, se broüiller, écrire quatre mots,
Revenir, s'apaiser, se remettre en colere,
Faire bien le jaloux, & vouloir se défaire,
Commander à ses pleurs de sortir au besoin,
Estre un jour sans manger, bouder seul en un coin,
Redoubler quelquefois de tendresses nouvelles,
Lors que l'on sçait joüer ce rôlle auprés des belles;
On est bien malheureux, & bien disgracié,
Quand on manque à la fin d'en tirer aisle ou pié.

CLEANTHIS.
La nature en naissant vous fit l'ame sensible.

STRABON.
Le soufre preparé n'est pas plus combustible.

CLEANTHIS.
Ainsi donc vostre cœur s'est souvent enflamé;
Vous aimiez autrefois.

STRABON.
Non, mais j'estois aimé;
Je me suis signalé par plus d'une victoire,
Mais si de vous aimer, vous m'accordiez la gloire,
Vous verriez tout mon cœur par des soins eternels,
Faire fumer l'encens au pied de vos autels.

D ij

CLEANTHIS.

Mon bonheur seroit pur, & ma gloire trop grande,
De recevoir icy vos vœux & vostre offrande;
Mais certaine raison qui murmure en mon cœur,
M'empesche de répondre à toute vostre ardeur.

STRABON.

A mes desirs aussi j'en ay quelqu'un contraire;
Mais où parle l'amour, la raison doit se taire.

CLEANTHIS à part.

Si mon traitre d'époux par bonheur estoit mort.

STRABON à part.

Si ma méchante femme avoit finy son sort.

CLEANTHIS à part.

Que je me serois fait un bonheur de luy plaire.

STRABON à part.

Que nous aurions bien-tost terminé nostre affaire.

CLEANTHIS.

Vostre abord est si tendre & si persuasif.

STRABON.

Vous avez un abord tellement attractif.

CLEANTHIS.

Que d'un charme puissant on se sent ravir l'ame.

STRABON.

Qu'en vous voyant paroistre aussi-tost on se pâme.

CLEANTHIS.

Je sens que ma vertu combat mal avec vous,
Il faut nous separer. Ah Ciel! si mon époux
Avoit esté formé sur un pareil modele,
Qu'il m'eut donné d'amour!

STRABON.

           Adieu charmante belle,
Auprés de vos appas je deffens mal mon cœur.
Ah Ciel! si j'avois eû femme de cette humeur,

COMEDIE.

Quelles felicités, & qu'en sa compagnie
J'aurois avec plaisir passé toute ma vie!

SCENE DERNIERE.

STRABON seul.

CEla ne va pas mal, j'arrive dans la Cour,
Une belle me voit, je suis requis d'amour.
Courage, mon garçon, continüe, encore une,
Et te voila passé-maistre en bonne fortune.

Fin du Second Acte.

ACTE III.

SCENE PREMIERE.

AGELAS, AGENOR, Suite.

AGENOR.

Riseis par voſtre ordre en ces lieux va ſe rendre,
Et vous pouvez bien-toſt & la voir & l'entendre;
Mais ſi je puis, Seigneur, avec vous m'exprimer,
Voſtre cœur me paroiſt bien prompt à s'enflâmer.

AGELAS.

Je ne te cache rien de l'état de mon ame,
Tu vis naître tantoſt cette nouvelle flâme,
Sois témoin du progrés; mes feux ſont parvenus
En moins d'un jour au point de ne s'accroître plus:
J'adore Criſeis, à chaque inſtant en elle
Je découvre, je voy quelque grace nouvelle;
Ne remarque-tu point comme moy ſes beautés,
Ses airs dans cette Cour ne ſont point empruntés,
Son eſprit ſe fait voir meſme dans ſon ſilence,
Elle n'a rien des bois que la ſeule naiſſance.

AGENOR.

De ces feux violents quelle ſera la fin?

COMEDIE.
AGELAS.
Je ne sçay.
AGENOR.
Mais, Seigneur, quel est vostre dessein ?
AGELAS.
D'aimer....
AGENOR.
Quel sera donc le sort de la Princesse ?
Athenes par un choix où chacun s'interesse
Vous a fait souverain sans aucune autre loy,
Que d'épouser Ismene alliée au feu Roy.
AGELAS.
Mon cœur jusqu'à ce jour sans nulle repugnance
Suivoit de cette loy la douce violence,
Le cœur mesme en secret souvent s'aplaudissoit
De la necessité que le sort m'imposoit :
Mais depuis le moment qu'une jeune Bergere
M'a charmé sans avoir nul dessein de me plaire,
Mon penchant pour Ismene aussi-tost m'a quitté,
Je me sens entraîner tout d'un autre costé.
AGENOR, à part.
Ciel ! qui sçais mon amour, fais si bien qu'en son ame
Puisse à jamais regner cette nouvelle flâme.
Ce n'est pas d'aujourd'huy que les champs & les bois
Ont produit des objets dignes des plus grands Rois,
Et le sort prend plaisir d'une chaîne secrette
D'allier quelquefois le sceptre & la houlette.
AGELAS.
Cette inégalité, ce deffaut de grandeur,
Pour Criseis encor irrite mon ardeur.
AGENOR.
Je ne sçay ce qu'annonce une telle avanture,
Mais un des miens m'a dit qu'en changeant de parure,

D'EMOCRITE,

Ce Païsan de joye, ou de vin transporté
A laissé dans l'habit qu'il avoit apporté
Un bracelet d'un prix qui passe sa puissance :
On doit me l'apporter, mais Criseis s'avance.

SCENE II.

CRISEIS, THALER, AGELAS, AGENOR.

THALER.

JE suis trop en chagrin, je vais luy dire moy,
Arrivé qui poura, n'importe, je le voy,
Je m'en vais palsangué luy debrider ma chance ;
Sire, excusez l'affront de nostre inportunance.

AGELAS.

Qu'avez-vous donc ?

THALER.

J'avons ; mais c'est trop de faveur,
Sire, mettez dessus.

AGELAS.

Parlez.

THALER.

C'est vostre honneur.

AGELAS.

Poursuivez, quel sujet ?

THALER.

Je ne veux point poursuivre
Si vous n'estes couvert ; je sçavons un peu vivre.

COMEDIE.
AGELAS.
Je suis en cet état pour ma commodité.
THALER.
Ah ! vous pouvez vous mettre à vostre libarté,
Et je ne sommes pas digne de contredire,
Icy j'ons plus d'honneur que je ne sçaurois dire,
Je sont nouris, vêtus mieux qu'à nous n'appartient;
Mais on nous fait un tour qui tout franc ne vaut rien ;
C'est pis qu'un bois, vos gens n'ont point de cons-
 cience :
J'ay dans mon autre habit laissé par onbliance....
Avec tout mon esprit morgué je suis un sot.
AGELAS.
Quoy donc ?
THALER.
  Ils m'avons fait bian payer mon écot.
AGELAS.
Qui ?
THALER.
 Vos valets de chambre, ah la maudite engeance !
En me des-habillant en toute diligence,
L'un un pied, l'autre un bras, ils ont eu bien-tost fait,
Ils m'ont pris un bijou morgué dans mon gousset,
Il est de vostre honneur de les faire tous pendre.
AGELAS.
Ne vous allarmez point, je vous le feray rendre,
Je veux que l'on le trouve, & je vous en répons.
THALER.
Tous les honnestes gens d'icy sont des fripons :
Je sçay pourtant fort bien que ce n'est pas vous, Sire;
Je vous croy honneste-homme, & je sçay bien qu'en
 dire ;

DEMOCRITE,

Mais tout chacun icy ne vous ressemble pas.
AGELAS.
Que l'on aille avec luy le chercher de ce pas,
Et qu'icy les plaisirs, les jeux, la bonne chere
Suivent ces Estrangers qu'Agelas considere.
THALER.
Ah ! vous estes, Seigneur par trop considerant,
Mais parlant par respect, l'honneur que l'on me rend
Me confond ; car tout franc, sans tant de preambule,
Palsangué te voilà comme une ridicule :
Que ne répond-tu toy, je m'embroüille toujours,
Lorsque d'un compliment j'entreprend le discours.
AGELAS.
Allez, & n'ayez point de chagrin davantage.
THALER.
Que je suis malheureux, j'ay fait un beau voyage.

SCENE III.

AGELAS, CRISEIS, AGENOR.

AGELAS.

JE ne sçay, Criseis, si l'éclat de ces lieux
Avec quelque plaisir peut arrester vos yeux ;
Je ne sçay si la Cour vous plaist, vous dédommage
De la tranquilité que l'on goûte au vilage ;
Mais je voudrois qu'icy vous puissiez recevoir
Tout autant de plaisir que j'ay de vous y voir.

COMEDIE,

CRISEIS.

Seigneur, de vos bontez qu'on aura peine à croire
Le souvenir toûjours vivra dans ma mémoire,
Et j'aurois mauvais goût, si sortant des forêts,
Je ne me plaisois pas en des lieux pleins d'attraits,
Où chacun du plaisir fait son unique affaire,
Où les Dames sur tout ne s'occupent qu'à plaire,
Font briller leur esprit, ont un air si charmant,
Et font de leur beauté tout leur amusement.

AGELAS.

Parmy les courtisans dont la foule épanduë
Brille dans cette Cour, & s'offre à vostre veuë,
Ne s'en trouve-t-il point quelqu'un assez heureux
Pour pouvoir s'attirer un regard de vos yeux ?
Pourriez-vous les voir tous avec indifference ?

CRISEIS.

On dit qu'il ne faut point qu'avec trop de licence
Une fille s'arreste à voir de tels objets,
Et dise de son cœur les sentimens secrets;
Il en est un pourtant, si j'ose icy le dire,
Qui d'un charme flateur que sa presence inspire,
Se distingue aisément, & qui de toutes parts
S'attire sans effort les cœurs & les regards.

AGELAS.

Vous prenez du plaisir en le voyant paroistre.

CRISEIS.

Oh beaucoup, à son air on voit qu'il est le maistre;
Les autres devant luy timides & défaits,
Ne paroissent plus rien, & deviennent si laids,
Qu'on ne regarde plus tout ce qui l'environne.

AGELAS.

Aimeriez-vous un peu cette heureuse personne.

DEMOCRITE,

CRISEIS.
Je ne sçay point, Seigneur, ce que c'est que d'aimer.

AGELAS.
Aucun objet encor n'a pût vous enflâmer?

CRISEIS.
Non, l'on est dans les bois d'une froideur extrême.

AGELAS.
Si cet heureux mortel vous disoit qu'il vous aime.

CRISEIS.
Qu'il m'aime, moy, Seigneur, je me garderois bien,
S'il me parloit ainsi d'en croire jamais rien.

SCENE IV.

DEMOCRITE, AGELAS, CRISEIS, AGENOR, STRABON.

AGELAS.

Avec bien du plaisir je vous vois à ma Cour;
Comment vous trouvez-vous de ce nouveau sejour?

DEMOCRITE.
Fort mal.

AGELAS.
J'ay commandé par un ordre suprême
Qu'on vous y respectast à l'égal de moy-même.

DEMOCRITE.
Cela n'empêche pas qu'avec tout vostre soin,
Seigneur je ne voulusse estre déja bien loin.

On

COMEDIE.

On me croit en ces lieux placé hors de ma sphere,
Un animal venu d'une terre étrangere,
Chacun ouvre les yeux & me prend pour un Ours,
Je ne suis point taillé pour habiter les Cours :
Que diroit-on de voir un homme de mon âge
Des airs d'un Courtisan faire l'aprentissage ?
Non, Seigneur à tel point je ne puis m'oublier,
Ny jusqu'à cet excés descendre, & me plier ;
Ainsi pour faire bien permettez que sur l'heure
Nous allions tous revoir nostre ancienne demeure,
Strabon, Criseis, moy, nous vous en prions tous.

STRABON.

Alte-là, s'il vous plaist, ne parlez que pour vous :
En ce lieu plus qu'ailleurs je suis moy dans ma sphere.

AGELAS.

Si Criseis le veut, je consens à tout faire :
Parlez, expliquez-vous.

CRISEIS.

                        Seigneur, l'obscurité
Conviendroit beaucoup mieux à ma simplicité :
Mais s'il faut devant vous dire ce que l'on pense,
Ce beau lieu me retient sans nulle violence,
Et s'il m'estoit permis de me faire un sejour
Je n'en choisirois point d'autre que vostre Cour.

STRABON.

Quel heureux naturel ! le charmant caractere !
Je ne répondrois pas mieux qu'elle vient de faire.

DEMOCRITE.

C'est fort bien fait, la Cour a pour vous des appas,
Quoy vous pouriez vous plaire en un lieu de fracas,
Où l'envie a choisi sa demeure ordinaire,
Où l'on ne fait jamais ce que l'on voudroit faire,

E

DEMOCRITE,

Où l'humeur se contraint, où le cœur se dément,
Où tout le sçavoir faire est un raffinement,
Où les grands, les petits sont d'une ardeur commune
Attelés jour & nuit au char de la fortune.

AGELAS.

La Cour qu'en ce tableau vous nous representez
Vous ne la prenez pas par ses plus beaux costez.

STRABON.

Hé non, non.

AGELAS.

   Quelque aigreur que cette Cour vous laisse,
Convenez que toûjours l'esprit, la politesse,
Le bon air naturel, & le goût délicat,
Plus qu'en nul autre endroit y sont dans leur éclat.

STRABON.

Sans doute.

AGELAS.

   Que le sexe y tient un doux empire,
Qu'on rend à la beauté les respects qu'elle attire,
Et que deux yeux charmants tels qu'à present j'en vois
Peuvent pretendre icy les honneurs dûs aux Rois :
Mais une autre raison que près de vous j'employe,
Et qui vous comblera d'une parfaite joye,
Doit malgré vos dégoûts vous fixer à la Cour.

DEMOCRITE.

Et quel est, s'il vous plaist, cette raison ?

AGELAS.

       L'amour.

DEMOCRITE.

L'amour, de passions me croyez-vous capable ?

AGELAS.

Me preseve le Ciel d'un jugement semblable,

COMEDIE.
DEMOCRITE.
Democrite est-il homme à se laisser toucher ?
à part.
Je ne le suis que trop, j'ay peine à me cacher....
AGELAS.
Libre de passions, degagé de foiblesse,
Vostre cœur, je le sçay, se ferme à la tendresse ;
Chacun ne parvient pas à cet état heureux :
C'est de moy dont je parle, & je suis amoureux.
DEMOCRITE.
Vous estes amoureux.

AGELAS,
Oüy.

DEMOCRITE.
     Mais dans cette affaire
Ma presence, je croy, n'est pas trop necessaire,
Absent comme present vous pouvez à loisir
Suivre les mouvemens de ce tendre desir.
AGELAS.
J'adore Criseis, puisqu'il faut vous le dire.
STRABON.
Ah, ah, nous y voila.
DEMOCRITE
     Bon, bon, vous voulez rire,
Un grand Roy comme vous au milieu de sa Cour
Voudroit-il s'abaisser, à cet excés d'amour ?
Que diroit, s'il vous plaist, tout vostre Areopage ?
AGELAS.
Pour me déterminer j'attens peu son suffrage.
Oüy, belle Criseis, je sens pour vous un feu,
Dont je fais avec joye un éclatant aveu ;

      E ij

DEMOCRITE,
Mais un cœur bien épris veut estre aimé de même :
Vous ne répondez rien.
CRISEIS.
Ma surprise est extréme
D'entendre cet aveu de la bouche d'un Roy ;
Mon silence, Seigneur, répond assez pour moy.
AGELAS.
Ce silence douteux à trop de maux m'expose :
Vous qui voyez le rang que l'amour luy propose,
Secondez mes desirs, parlez en ma faveur.
DEMOCRITE.
Moy, Seigneur.
AGELAS.
Oüy, je veux de vous tenir son cœur,
Vos conseils ont sur elle une entiere puissance,
Vantez-luy mon amour bien plus que ma naissance.
DEMOCRITE.
Par grace de ce soin, Seigneur, dispensez-moy,
Je n'ay point les talents propres à cet employ,
Je suis un foible agent auprés d'une maistresse,
J'ignore le grand art qui surprend la tendresse,
Vostre amour où vos soins veulent m'interesser,
Reculeroit, Seigneur, plûtost que d'avancer.
AGELAS.
Non j'attens tout de vous, je connois vostre zele,
Un soin m'apelle ailleurs, je vous laisse avec elle,
Puis-je pour couronner mes amoureux desseins,
Mettre mes interests en de meilleures mains :
Je vous quitte.
STRABON.
Voila, je vous le certifie
Un fâcheux argument pour la philosophie.

SCENE V.

DEMOCRITE, CRISEIS, STRABON.

DEMOCRITE.

LE Roy me charge icy d'un fort honneste employ,
Et je n'attendois pas l'honneur que je reçoy :
Il vient de m'ordonner de difposer voftre ame,
Et la rendre fenfible à fa nouvelle flâme ;
La charge eft vrayment belle, & pour un tel deffein,
Il ne me faudroit plus qu'un caducée en main ;
Quels font vos fentimens ? que pretendez-vous faire ?

CRISEIS.

C'eft de vous que j'attens un avis falutaire ;
Que me confeillez-vous de faire en cas pareil ?
Car je prétens toûjours fuivre voftre confeil.

DEMOCRITE.

Ce que je vous confeille.

CRISEIS.

Oüy.

DEMOCRITE.

Je ne fçay que dire
Suivez les mouvemens que le cœur vous infpire

CRISEIS.

Ah ! que j'ay de plaifir que cet avis flateur
Se raporte fi bien au penchant de mon cœur ;
J'eftois, je vous l'avoüe, en une peine extréme,
Et n'ofois tout-à-fait me fier à moy-même,
Je fentois pour le Prince un mouvement fecret,
Et je ne fçavois pas fi c'eft bien ou mal fait :

DEMOCRITE,
Maintenant que je voy le party qu'il faut prendre,
Je puis par voſtre avis ſuivre un penchant ſi tendre.

DEMOCITE.
Pour luy vous ſentez donc cet apetit ſecret ;
J'ay bien peur d'eſtre icy curieux indiſcret.

CRISEIS.
Quand le Prince tantoſt s'eſt offert à ma veuë,
J'ay ſenty dans mon cœur une flâme inconnuë :
Tout ce qu'il me diſoit me donnoit du plaiſir,
Ma bouche a laiſſé même échaper un ſoupir,
En ceſſant de le voir, une triſteſſe afreuſe
Tout d'un coup m'a renduë inquiete & rêveuſe,
A ſon air, à ſes traits, j'ay penſé tout le jour,
Je l'aime, ſi c'eſt là ce qu'on apelle amour.

STRABON.
Oüy, voilà ce que c'eſt ; peſte quelle ignorante ?
Vous eſtes devenuë en un jour bien ſçavante,
Vous n'aviez pas beſoin tantoſt de nos leçons,
Ny nous de nous étendre en définitions.

DEMOCRITE.
Enfin donc vous aimez.

CRISEIS.
Moy.

DEMOCRITE
Voilà, je vous jure,
Les ſimptomes d'amour que cauſe la nature.

CRISEIS.
Quoy, c'eſt là ce qu'on nomme amour.

DEMOCRITE.
Et vrayment oüy.

CRISEIS.
Si j'aime, en verité, ce n'eſt que d'aujourd'huy,

COMEDIE.
DEMOCRITE.
Vous m'aviez tant promis qu'aucun homme en vostre
    ame
N'exciteroit jamais une amoureuse flâme.
CRISEIS.
Je n'en connoissois point, & je les croyois tous
Tels que vous les disiez, & formez comme vous.
STRABON.
Cette sincerité devroit vous rendre sage.
DEMOCRITE.
Je sens qu'elle a raison, & cependant j'enrage ;
J'ay tort de m'emporter, reprenons desormais
L'esprit qui nous convient, rions sur nouveaux frais :
Les hommes en effet ont bien peu de prudence,
Sont bien vuidés de sens, bien pleins d'extravagance
De se laisser mener par de tels animaux,
Connoissant comme ils sont leur foible & leurs défaux ;
Il n'en est presque point, qui vingt fois en sa vie
N'ait senty les effets de quelque perfidie ;
Cependant on les voit de nouveaux feux épris,
Redonner dans le piege où l'on les a vûs pris :
A grand peine échapez de leurs derniers naufrages
Ils vont tout de nouveau défier les orages ;
Continuez, Messieurs, soyez encor plus foux,
Justifiez toûjours mes ris & mes degoûts,
Ces ris dans l'avenir porteront témoignage
Que je n'ay point esté la dupe de mon âge,
Et que je comprens bien que tout homme en un mot
Est sans m'en excepter l'animal le plus sot.
CRISEIS.
J'aime à voir que malgré vostre austere caprice
Comme aux autres humains vous vous rendiez jus-
    tice :

DEMOCRITE,

Je vais trouver le Prince, & luy dire l'ardeur
Dont vous avez voulu parler en sa faveur.

SCENE VI.

DEMOCRITE, STRABON.

STRABON.

Vous ne riez plus tant, quel chagrin vous tourmente ?
La chose me paroist cependant fort plaisante.
La peste quel enfant ? pour moy je suis surpris
Comme aux filles l'esprit vient viste en ce Païs.

DEMOCRITE.

Commerce humain, pour moy plus mortel que la peste,
Ce n'est pas sans raison que mon cœur te deteste.

SCENE VII.

LE MAISTRE D'HOSTEL, DEMOCRITE, STRABON.

LE MAISTRE D'HOSTEL.

Messieurs, servira-t-on, le dîner est tout prest.

COMEDIE.
STRABON.
Oüy, qu'on mette à l'instant sur table, s'il vous plaist,
Allez viste : écoutez, ferons-nous bonne chere ?
LE MAISTRE D'HOSTEL.
Vingt cuisiniers ont fait de leur mieux pour vous plaire.
DEMOCRITE.
Vingt cuisiniers.
LE MAISTRE D'HOSTEL.
Autant.
DEMOCRITE.
Mais c'est bien peu vrayment
LE MAISTRE D'HOSTEL.
Ils ont mis de leur art tout le rafinement.
DEMOCRITE.
Qui ne riroit de voir qu'avec un soin extrême,
L'homme ait inventé l'art de se tuer luy-même,
A force de ragoûts & de mets succulents,
Il creuse son tombeau sans cesse avec ses dents,
Il sçait le peu de jours qu'il a des destinées,
Et tâche, autant qu'il peut, d'abreger ses années.
Vous estes dans vostre art tous de francs assassins,
Produits par les Enfers, payez des Medecins,
Et si l'on agissoit en bonne politique
On vous banniroit tous de chaque Republique.
STRABON.
Il faut le laisser dire, aller toûjours son train,
Et si vous le pouvez faire encor mieux demain.

Fin du troisième Acte.

ACTE IV.

SCENE PREMIERE.

THALER, CRISEIS.

THALER.

EN jaze qui voudra, j'ay fait en homme sage,
De quit'er bravement les bois & le Village;
On a morgué raison, & c'est bien mon avis,
Un homme ne fait point fortune en son Païs,
Il n'y sera qu'un sot tout le temps de sa vie,
Il a biau se sentir du talent du genie,
Estre biaufait, avoir le discours bien pendu;
Bon, c'est, comme dit l'autre, autant de bien perdu.

CRISEIS.

Vous avez le goût bon, je vous en félicite.

THALER.

Icy du premier coup on connoist le merite,
D'aussi loin qu'on me voit on m'oste son chapeau.

CRISEIS.

Vous vous trouvez donc bien de ce sejour nouveau.

THALER.

Si je m'y trouve bian, je ris, je me goberge,
Que je sommes écheus dans une bonne Auberge,

COMEDIE.

Noſtre bijou s'en va nous eſtre raporté,
Noſtre hoſte eſt bon vivant, diſons la verité.
CRISEIS.
Vous ne devriez pas tenir un tel langage,
Ces termes là mon pere eſtoient bons au Village ;
Si l'on vous entendoit parler ainſi du Roy,
On pourroit ſe mocquer & de vous & de moy.
THALER.
Dame je ſis fâché que mon diſcours vous choque,
Chacun parle à ſa guiſe, & qui voudra s'en moque :
J'ay pourtant, m'eſt avis, plus d'eſprit que vous tous.
CRISEIS.
Excuſez ſi je prens cet air libre avec vous.
THALER.
Tu pretens donc apprendre à parler à ton pere.
CRISEIS.
Je ne dis pas cela pour vous mettre en colere.
THALER.
Morgué cela m'y met, écoute, vois-tu bien,
Dame on n'eſt pas un ſot, quoy qu'on ne ſçache rien ;
Parce que te voila de bout en bout dorée,
Ne va pas envers moy faire la mijaurée.
CRISEIS.
Je ſçay trop….
THALER.
Je pretens qu'on me reſpecte moy ?
CRISEIS.
ne manqueray point à ce que je vous doy.
THALER.
eſt bien fait, quand je parle, il faut que l'on m'eſ-
coute.
CRISEIS.
acord ?

DEMOCRITE,

THALER.

Qu'on m'eſteme?

CRISEIS.

Oüy.

THALER.

Me révere.

CRISEIS.

Sans doute.

THALER.

Or donc pour ratraper le fil de mon diſcours,
Que c'eſt un bel employ que de hanter les Cours:
Tous ces grands Monſieurs là ſont des gens bien ho-
neſtes.

CRISEIS.

Democrite n'eſt pas ſi charmé que vous l'eſtes,
Il voudroit bien déja ſe voir loin de ces lieux.

THALER.

Pourquoy donc, s'il vous plaiſt.

CRISEIS.

Tout y bleſſe ſes yeux,
Son cœur n'eſt pas content, quelque ſoin l'embaraſſe;
Il dit qu'en ce Païs ce n'eſt rien que grimace,
Que les hommes y ſont cachez & dangereux,
Et les femmes encor bien plus à craindre qu'eux,
Que ce n'eſt que par art qu'elles paroiſſent belles,
Que leur cœur....

THALER.

Ne vas pas te gaſter avec elles,
Ny pour quelque Monſieur te prendre icy d'amour,
Elles peuvent tout faire, elles ſont de la Cour,
Ces Madames-là; mais j'aperçoy Democrite.

SCENE

SCENE II.

DEMOCRITE, CRISEIS, THALER.

DEMOCRITE.

AH ! te voila ? Thaler, ta mine héteroclite
Me rejoüit l'esprit ; serviteur, Criseis.
Dans ce riche attirail, sous ces pompeux habits,
Dirois-tu que c'est là ta fille ?

THALER.
       En ces matieres
Tous les plus clair-voyants, ma foy, ny voyont gueres.

DEMOCRITE.
Cela luy sied fort bien, & cet air dédaigneux
Qu'elle a prise à la Cour luy sied encore mieux.

THALER.
Je m'en suis aperçû déja

CRISEIS.
       Je suis bien aise
Que mon air tel qu'il soit vous contente, & vous plaise.

DEMOCRITE.
A de plus hauts desseins vous aspirez icy,
Et me plaire n'est pas vostre plus grand soucy.

THALER.
    elle auroit tort; j'entens, je veux, j'ordône
vous y respecte autant que ma personne :

DEMOCRITE,

Je suis maiftre.... une fois.

CRISEIS.

Je vois avec plaifir
Vos ordres s'accorder à mon jufte defir ;
J'obéis de grand cœur, j'auray toute ma vie
Un tres-profond refpect pour la philofophie :
Pour d'autres fentimens je puis m'en difpenfer,
Sans bleffer mon devoir, ny fans vous offenfer.

SCENE III.

DEMOCRITE, THALER,

THALER.

Quelle mouche la picque ? a qui diable en a t-elle ;
Alle a comme cela des vapeurs de cervelle,
Je ne fçay, mais depuis qu'elle eft en ce païs
Elle fait peu de cas de ce que je luy dis.

DEMOCRITE.

Un foin plus important à prefent la tourmente ;
Auroit-on jamais crû que cette jeune plante,
Que j'avois pris plaifir d'élever de mes mains
Eut trompé mon efpoir, & trahy mes deffeins :
Agelas s'eft épris en la voyant paroître
Du feu le plus ardent.

THALER.

Morgué le tout eft traitre.

DEMOCRITE.

La pompe de la Cour, & fon éclat flateur
A de fes faux brillans feduit fon jeune cœur ;

COMEDIE

De son malheur prochain nous sommes les complices,
Nous l'avons amenée au bord des précipices :
Car sans t'en dire plus, tu t'imagines bien
Le but de cet amour.

THALER.

Ouy, cela ne vaut rien

DEMOCRITE.

Il faut abandonner la Cour tout au plus viste.

THALER,

Abandonner la Cour.

DEMOCRITE.

Ouy.

THALER.

C'est un bon giste,
Je m'y trouve si bien.

DEMOCRITE.

Il n'importe, il le faut,
Tu dois tirer d'icy Criseis au plûtost;
C'est à toy que le Roy fait la plus grande offense.

THALER.

Je le voy bien, pour faire icy sa manigance,
Morgué le Prince a tort de s'adresser à moy,
Il s'imagene donc, que parcequ'il est Roy :
Suffit, je ne dis mot.

DEMOCRITE.

Il y va de ta gloire.

THALER.

C'est morgué pour cela qu'ils m'avont tant fait boire ;
Mais ils n'en croqueront, ma foy, que d'une dent :
Je vais faire beau bruit, serviteur cependant.

SCENE IV.

DEMOCRITE seul.

Dieux que fais-je ? où m'emporte une indigne tendresse ?
Suis-je donc Democrite ? & quelle est ma foiblesse ?
Pendant que je suis seul, laissons agir mon cœur,
Et tirons le rideau qui cache mon ardeur.
Depuis assez long-temps mon rire satyrique
Sur les autres répand une bile cinique,
Je veux sans nuls témoins rire à present de moy,
Il ne faut point ailleurs aller chercher de quoy ;
J'aime.... C'est bien à toy, Philosophe rigide,
De sentir l'aiguillon d'une flâme perfide :
Et quel est cet objet qui t'aprend l'art d'aimer ?
Un enfant de quinze ans ; tu prétens la charmer,
Adonis fortuné ; mais un pouvoir suprême
Me commande, m'entraîne en dépit de moy-même :
Ah ! c'est où je t'attens, le plus lâche des cœurs,
Il te faut des chemins tout parsemez de fleurs,
Tu ne sçaurois saisir ces haines rigoureuses
Que sentent pour l'amour les ames genereuses,
Tu ne peux gourmander un penchant trop fatal,
Homme pusillanime, imbecille, brutal :
Ce n'est pas encor tout, vois où va ta folie,
Toy qui veux te targuer de la philosophie,
Tu conduis Criseis, en quels lieux ? à la Cour ;
Ah ! qu'ensemble on voit peu la prudence & l'amour;

COMEDIE.

Mais on vient, finissons un discours si fantasque,
Pour sauver nostre honneur remettons nostre masque.

SCENE V.

CLEANTHIS, DEMOCRITE.

CLEANTHIS.

ON voit assez à l'air dont il est habillé,
Que c'est l'original dont on nous a parlé,
Vous qui dans les forests avez passé la vie,
Uniquement touché de la philosophie ;
Quel noir demon vous pousse à causer nostre ennuy,
Et que venez-vous faire à la Cour aujourd'huy.

DEMOCRITE.

Je n'en sçay vrayment rien ; ce que je puis vous dire,
C'est qu'icy malgré moy le Roy m'a fait conduire,
M'a voulu transplanter, & me faire en un jour
De Philosophe actif un oisif de la Cour.

CLEANTHIS.

Sçavez-vous bien qu'icy vostre face equivoque,
Et rare en son espece étrangement nous choque.

DEMOCRITE.

Je le croy ? sur ce point j'ay peu de vanité,
Et mon dessein n'est point de plaire en verité.

CLEANTHIS.

Vous auriez tort, il n'est, je veux bien vous le dire,
Prince ny galopin que vous ne fassiez rire.

DEMOCRITE.

Pourquoy non ? C'est un droit qu'on acquiert en naiſſant ;
Et rire l'un de l'autre eſt fort divertiſſant.

CLEANTHIS.

Iſmene icy m'envoye ; & vous dit par ma bouche,
Que voſtre aſpect icy l'alarme & l'efarouche,
Le Roy luy doit ſa foy ; Cependant à ſes yeux,
On ſçait qu'à Criſeis il adreſſe ſes vœux ;
Par de lâches conſeils dont vous eſtes prodigue ;
C'eſt vous, à ce qu'on dit, qui menez cette intrigue.

DEMOCRITE.

Moy.

CLEANTHIS.

Vous ? C'eſt une honte à l'âge où vous voilà,
De vouloir commencer ce vilain métier là.

DEMOCRITE.

Le reproche eſt plaiſant, & nouveau je vous jure,
Je ne m'attendois pas à pareille avanture.

CLEANTHIS.

Riez ?....

DEMOCRITE.

Si vous ſçaviez l'intereſt que j'y prens,
Vous m'acuſeriez peu de ces ſoins obligeans ;
Vous me connoiſſez mal, c'eſt une choſe étrange,
Comme dans ce Païs on prend toûjours le change.

CLEANTHIS.

Quoy le Prince tantoſt ne vous a pas commis
Le ſoin officieux d'attendrir Criſeis,
Et vous n'avez-vous pas pris le ſoin de la reduire.

DEMOCRITE.

Cela peut-eſtre vray, mais bien loin de vous nuire,
Ce jour verroit Iſmene entre les bras du Roy,
S'il vouloit de ſon choix ſe raporter à moy.

C'eſt un fait tres-conſtant.
CLEANTHIS.
Je veux bien vous en croire ;
Mais pour ne point donner d'atteinte à voſtre gloire,
Partez.
DEMOCRITE.
Soit, j'ay pourtant dequoy rire à mon goût,
En ces lieux plus qu'ailleurs, & des femmes ſur tout.
CLEANTHIS.
Et de qui ririez-vous.
DEMOCRITE.
Mais de vous la premiere,
De voſtre air, vos habits, vos mœurs, voſtre maniere,
Tout en vous, haut & bas, eſt artificieux,
Pour paroiſtre plus grande, & pour tromper les yeux,
On voit ſur voſtre teſte une longue coëffure,
Et ſur de hauts patins vos pieds à la torture,
En ſorte qu'en oſtant ces ſecours ſuperflûs,
Il ne reſteroit pas un tiers de femme au plus.
CLEANTHIS.
Il nous en reſte aſſez pour telles que nous ſommes,
Faire quand nous voulons bien enrager les hommes:
Mais partez, s'il vous plaiſt, demain avant le jour,
Vous ferez ſagement; car auſſi bien la Cour,
Dont vous faites toujours quelque plainte nouvelle,
Eſt bien laſſe de vous.
DEMOCRITE
Et moy bien plus las d'elle,
Et je vais de ce pas preparer avec ſoin,
Que l'aurore en naiſſant m'en trouve déja loin.

SCENE VI.

CLEANTHIS *seule.*

L'Affaire est en bon train pour la Princesse Ismene ;
Mais pour mon compte à moy je suis assez en peine,
Je voudrois arrester le disciple en ces lieux,
Il a touché mon cœur en s'offrant à mes yeux,
Son tour d'esprit me charme, il fait tout avec grace,
Il n'est rien que pour luy de bon cœur je ne fasse,
Le Ciel me le devoit pour me recompenser
De mon premier mary, je le vois s'avancer.

SCENE VII.

CLEANTHIS, STRABON.

STRABON.

Ouf, je suis bien guedé, par ma foy la science
Ne s'acquiert point du tout à force d'abstinence,
C'est mon sistême à moy, l'esprit croist dans le vin,
Je m'en sens déja plus trois fois que ce matin,
Je me vange à longs traits de la philosophie ;
Hé, vous voila, Princesse, Infante de ma vie ;

COMEDIE.

Vous voyez un Seigneur fort satisfait de soy,
Un convive échapé de la table du Roy,
Il tient bon ordinaire, & je l'en félicite.

CLEANTHIS.

Au disciple fameux du sçavant Democrite
Plus qu'à nul autre humain cet honneur estoit dû.

STRABON.

C'est un petit repas que le Roy m'a rendu :
Nous nous traitons par fois,

CLEANTHIS.

Vous ne sçauriez mieux faire,
Rien ne fait des amis comme la bonne chere ;
Quoyqu'on embrasse icy des gens de tous métiers,
Bien moins pour l'amour d'eux que de leurs cuisiniers.

STRABON.

Cet honneur, quoyque grand, ne me toucheroit guere,
Si je n'estois bien seur du bonheur de vous plaire ;
Vous aimer est un bien pour moy plus precieux
Qu'estre admis à la table & des Rois & des Dieux,
Et l'on ne leur sert point même en des jours de festes
De morceau si friand à mon goût que vous l'estes.

CLEANTHIS.

N'estes-vous point de ceux dont l'usage est connu,
Qui ne sont amoureux que quand ils ont bien bû ?
A qui beaucoup de vin fait sortir la tendresse,
Qui vont en cet état aux pieds de leur maîtresse
Exhaler les transports de leurs brûlants desirs,
Et pousser des hoquets en guise de soûpirs :
De nos jeunes Seigneurs, c'est assez la maniere.

STRABON.

Ma tendresse n'est point d'un pareil caractere,
Bachus n'est point chez moy l'interprete d'amour,
J'ay près du sexe enfin l'air de la vieille Cour,

Mon cœur s'est laissé prendre en vous voyant paroître,
Et de ses mouvemens n'a plus esté le maître ;
L'esprit, la belle humeur, la grace, la beauté,
Tout en vous s'est uny contre ma liberté.

CLEANTHIS.

Ce n'est point un retour de pure complaisance
Qui me fait hazarder la mesme confiance ;
Mais je vous avoüeray qu'à vos premiers regards
Mon foible cœur s'est vû percé de toutes parts ;
Je ne sçay quel attrait & quel charme invisible
En un instant a pû me rendre si sensible,
Et je n'ay point senty de transports aussi doux
Pour tout autre mortel que j'en ressens pour vous.

STRABON.

En vous reciproquant vous estes, je vous jure,
De ces heureux transports payée avec usure ;
L'on n'a jamais senty de feux si violents
Que ceux qu'auprés de vous & pour vous je ressens ;
Mais ne puis-je sçavoir, en voyant tant de charmes,
Quel est l'aimable objet à qui je rends les armes ?

CLEANTHIS.

Bon, que vous serviroit de sçavoir qui je suis,
Ce nous seroit peut-estre une source d'ennuis
Aprés vous avoir fait l'aveu de ma foiblesse.

STRABON.

Ah ! que cette pudeur augmente ma tendresse !

CLEANTHIS.

Je devrois bien plûtost songer à me cacher.

STRABON.

Rien de vous découvrir ne doit vous empêcher.

COMEDIE.
CLEANTHIS.
L'homme est d'un naturel si volage & si traître:
Qui le sçait mieux que moy?
STRABON.
Vous en avez peut-estre
Esté souvent trahie ; icy comme en tous lieux
La femme, à mon avis, ne vaut pas beaucoup mieux :
J'en ay pour mes pechez quelquefois fait l'épreuve,
Estes-vous fille?
CLEANTHIS.
Non.
STRABON.
Femme.
CLEANTHIS.
Point du tout.
STRABON.
Veuve.
CLEANTHIS.
Je ne sçay....
STRABON.
Oh, parbleu vous vous moquez de nous ;
De quelle espece donc, s'il vous plaist, estes-vous?
CLEANTHIS.
Je fus fille autrefois, & pour telle employée.
STRABON.
Je le crois....
CLEANTHIS.
A quinze ans je me suis mariée ;
Mais depuis le long-temps que sans époux je vis,
Je ne sçaurois passer pour femme, à mon avis,
Ny pour veuve non plus, puisqu'en effet j'ignore,
Si le mary que j'eus est mort, ou vit encore.

DEMOCRITE,
STRABON.
Ce discours, quoyqu'abstrait, me paroist assez bon,
Je ne suis comme vous homme veuf ny garçon,
Et mon sort de tout point est si conforme au vostre,
Qu'il semble que le Ciel nous ait faits l'un pour l'autre.
CLEANTHIS à part.
Homme veuf, ny garçon.
STRABON à part.
Fille, femme, ny veuve.
CLEANTHIS.
Le cas est tout nouveau.
STRABON.
L'avanture est tres neuve.
Depuis quand, s'il vous plaist, vivez vous sans époux.
CLEANTHIS.
Depuis prés de vingt ans je goute un sort si doux,
J'avois pris un mary fourbe, plein d'injustices,
Qui d'aucune vertu ne rachetoit ses vices ;
Yvrogne, débauché, scelerat, outrageux,
Pour sa mort je faisois tous les jours mille vœux :
Enfin le Ciel plus doux touché de ma misere,
Luy fit naistre en l'esprit un dessein salutaire ;
Il partit, me laissant par bon-heur sans enfans.
STRABON.
C'est tout comme chez nous, depuis le mesme temps
Inspiré par le Ciel, je quitay ma patrie,
Pour fuir loin de ma femme, ou plutôt ma furie,
Jamais un tel Demon ne sortit des Enfers ;
C'estoit un vray lutin, un esprit de travers,
Un vieux singe en malice, insolente, revéche,
Coquette, sans esprit, menteuse, pigriéche,
A la noyer cent fois, je m'étois attendu ;
Mais je n'en n'ay rien fait de peur d'estre pendu.
CLEANTHIS.

COMEDIE.

CLEANTHIS.
Cette femme vous est vrayment bien obligée.
STRABON.
Bon ? tout autre que moy ne l'eut point ménagée,
Elle auroit fait le saut ?
CLEANTHIS.
     Et de grace, en quels lieux
Aviez-vous épousé ce chef-d'œuvre des Cieux.
STRABON.
Dans Argos....
CLEANTHIS.
Dans Argos.
STRABON.
      Où la fortune a-t'elle
Mis en vos mains l'époux d'un si rare modelle.
CLEANTHIS.
Dans Argos ?
STRABON.
Dans Argos ; &, s'il vous plaist, quel nom
Portoit ce cher Epoux.
CLEANTHIS.
     Il se nommoit Strabon.
STRABON.
Strabon. Hui....
CLEANTHIS.
Pouroit-on aussi sans vous déplaire,
Sçavoir quel nom portoit cette Epouse si chere.
STRABON.
Cleanthis...
CLEANTHIS.
Cleanthis ? C'est luy.
STRABON.
     C'est elle ? ô Dieux.

G

DEMOCRITE,

CLEANTHIS.
Ses traits n'en disent rien, mais je le sens bien mieux
Au soudain changement qui se fait dans mon ame.

STRABON.
Madame, par hazard n'estes-vous point ma femme?

CLEANTHIS.
Monsieur, par avanture estes-vous mon époux?

STRABON.
Il faut que cela soit ; car je sens que pour vous
Dans mon cœur tout-à-coup ma flâme est amortie,
Et fait en ce moment place à l'antipathie.

CLEANTHIS.
Ah! te voila donc, traître, aprés un si long-temps,
Qui t'amene en ces lieux? qu'est-ce que tu prétens?

STRABON.
M'en aller au plûtost ; que ma surprise est forte!
Dis-moy, ma chere enfant, pourquoy n'es-tu pas
   morte?

CLEANTHIS.
Pourquoy n'es-tu pas morte? indigne scelerat,
Deserteur de ménage, & maudit renegat,
Pour t'arracher les yeux.

STRABON.
              Ah! doucement, Madame,
O pouvoir de l'hymen! quel retour en mon ame!

CLEANTHIS.
Je ressentois pour luy les transports les plus doux ;
Helas! qu'allois-je faire? il estoit mon époux ;
Va, fuy, que le Demon, qui te prist en ton giste
Pour t'amener icy, t'y remporte au plus viste,
Evite ma fureur, retourne dans tes bois.

STRABON.
Il ne vous faudra pas me le dire deux fois:

COMEDIE. 75

J'aime mieux estre hermite, & brouter des racines,
Revoyager vingt ans nuds pieds sur des épines,
Que de vivre avec vous ; adieu.
CLEANTHIS.
Grands Dieux que je le hais!
STRABON.
Quell'est laide à present, & qu'elle a l'air mauvais!

Fin du quatriéme Acte.

ACTE V.

SCENE PREMIERE.

STRABON seul.

JE suis tout confondu, quelle étrange avanture,
Ma femme en ce Païs, & dans cette figure;
La Coquine aura sceu par quelque amy present,
Se faire consoler de son époux absent;
Mais elle n'aura pas plus long-temps l'avantage
D'anticiper les droits d'un pretendu veuvage:
J'ay fait reflexion sur son sort & le mien,
Je ne veux point quitter des lieux où je suis bien
Assez & trop long-temps un chagrin domestique
M'a fait soufrir les maux d'un exil tirannique;
Et puisque mon destin m'amene en ce sejour,
Je veux sur mes foyers demeurer à mon tour,
De me voir en ces lieux, si mon épouse gronde,
Elle peut à son tour aller courir le monde.

SCENE II.

STRABON, THALER.

THALER.

Palsangué je comence à me mettre en soucy,
Mon bijou ne vient point, voyez-vous ces gens cy
Vous prometont assez, mais ils ne tenont guere.

STRABON.

Quoy ?

THALER.

Vous ne sçavez pas ce qu'on me vient de faire,

STRABON.

Non ?....

THALER.

Vous avez grand tort.

STRABON.

Soit ; mais je n'en sçay rien.

THALER.

Vous avez veû tantost ce brasselet.

STRABON.

Hé bien,

THALER.

Bon ? ne me l'ont-ils pas déja pris.

STRABON.

Coment Diable.

THALER.

Ils m'ont mis sur le corps cet habit honorable,
Disant que l'autre estoit trop ignominieux ;
Je me suis veû si brave, & j'estois si joyeux,

G iij

Que je n'ay pas songé de foüiller dans ma poche,
Ils l'avont fait.

STRABON.

Le tout est digne de reproche,
Ta memoire t'a l'a joüé d'un vilain trait.

THALER.

On est si part troublé qu'on ne sçait ce qu'on fait ;
Mais le Roy m'a promis de me le faire rendre,
Pour cela tout exprés je viens icy l'atendre,
Aprés qúoy je dirons serviteur à la Cour.

STRABON.

Le serpent sous les fleurs se cache en ce sejour,
J'y viens d'en trouver un ; mais qui peut t'y déplaire,
T'a-t'on fait quelque piece encor.

THALER.

Tout au contraire,
C'est à qui me fera tout le plus d'amiquié,
L'un me baille un souflet, & l'autre un coup de pié ;
L'autre une croquignole, enfin chacun s'empresse
Tout du mieux qu'il le peut à me faire caresse :
On me fait plus d'honneur que je ne vaux cent fois,
J'ay vû manger le Roy, tout comme je te vois,
Et tout de bout en bout.

STRABON.

Tu l'as vû.

THALER.

Face à face,
Comme ces gros Monsieur je tenois là ma place,
Et stanpandant j'avois du chagrin dans le cœur.

STRABON.

Du chagrin ; & pourquoy ?

THALER.

Morgué j'ons de l'honneur,
Et l'on dit qu'Agelas en veut à nostre fille.

COMEDIE.
STRABON.
Voyez le grand malheur.
THALER.
Morgué dans la famille
J'ons toûjours esté droit, hors nostre femme da,
Qui faisoit jaser d'elle un peu par cy par là.
STRABON.
Te voila bien malade, elle tient de sa mere,
Prétens-tu reformer cet usage ordinaire.
THALER.
Ce seroit un affront.
STRABON.
Je suis en même cas,
Et l'on ne m'entend point faire tant de fracas;
C'est tant mieux animal, si le sort favorable
Veut élever ta fille en un rang honorable.
THALER.
Tant mieux ? qui dit cela.
STRABON.
C'est moy qui le dit.
THALER.
Les uns disent tant mieux, & les autres tant pis.
Dame accordez-vous donc ?
STRABON.
Crois-moy, n'en fais que rire.
THALER.
Si j'avois mon joyau, je les laisserois dire.
STRABON.
La fortune m'a bien joüé d'un autre tour ;
J'ay bien plus de sujet de me plaindre à mon tour,
Un chagrin different s'empare de nostre ame,
Tu pers ton bracelet, moy je trouve ma femme.
THALER.
Comment donc vostre femme, estes-vous marié ?

G iiij

DEMOCRITE,
STRABON.
Helas mon pauvre enfant, je l'avois oublié;
Mais le Diable en ces lieux, qui l'eut pû jamais croire,
M'en a subitement rafraichy la memoire:
Ah la voila qui vient, c'est elle, je la voy.
THALER.
Qu'elle a de beaux habits.
STRABON.
      Ils ne sont pas de moy.

SCENE III.

CLEANTHIS, STRABON, THALER.

CLEANTHIS.

Quoy malgré les trasports dont mon ame est émuë,
Oses-tu bien encore te montrer à ma veuë;
Et pourquoy n'es-tu pas déja bien loin d'icy.
STRABON.
Vous vous y trouvez bien, & moy fort bien aussi.
Si mon fatal aspect icy vous importune,
Je vous permets d'aller chercher ailleurs fortune.
CLEANTHIS.
Où puis-je aller pour fuir un si funeste objet.
STRABON.
Vous pouvez voyager vingt ans comme j'ay fait,
Ou si de la sagesse un beau feu vous excite,
Allez dans les deserts, & suivez Democrite,
De vous voir avec luy, je seray peu jaloux.

COMEDIE.
CLEANTHIS.
Sors viste de ces lieux redoute mon couroux :
à Thaler.
As-tu bien-tost assez contemplé ma figure.
THALER.
J'ay quelque souvenir de cette creature.
STRABON.
C'est là que l'on apprend à corriger ses mœurs,
Et d'un flegme moral reprimer ses aigreurs.

CLEANTHIS.
Je veux, quand il me plaist, moy me mettre en colere.
THALER.
C'est elle, je le voy, plus je la considere.
STRABON.
N'adoucirez-vous point cét esprit petulant.
THALER.
Voila celle qui vint m'apporter son enfant.
CLEANTHIS.
Ma haine en te voyant s'irrite dans mon ame,
Lâche, perfide Epoux.
THALER.
C'est donc là vostre femme.
STRABON.
Helas ! oüy ?
THALER *prenant Cleantis par le bras.*
Payez-moy ce que vous me devez.
CLEANTHIS.
Ce que je vous dois.
THALER.
Oüy ? s'il vous plaist.
CLEANTHIS.
Vous rêvez ;
Je ne vous connois point mon amy, je vous jure ?

DEMOCRITE,

THALER.
Je vous connois bien moy ; quinze ans de nourriture
Pour un de vos enfans.

CLEANTHIS.
      Pour un de mes enfans.

STRABON.
Pour un de nos enfans : Ciel ! qu'est-ce que j'entens,
Je n'en eus jamais d'elle, & c'est nous faire honte.

THALER.
Elle n'a pas laissé d'en avoir a bon compte.

STRABON.
D'en avoir, justes Dieux, verrois-je d'un œil sec
Le front d'un Philosophe endurer tel échec.

CLEANTHIS *à Thaler.*
Quoy tu pourois maraut, avec pareille audace,
Me soûtenir... j'ay vû quelque part cette face.

THALER.
Oüy, je le soutiendray, c'est palsanguene vous,
Qui vint par un matin mettre un enfant chez nous :
Si bien que vous disiez que vous estiez sa mere.

CLEANTHIS.
Qui moy ?

THALER.
    Je suis ravy que vous soyez son pe
C'est un gentil enfant.

STRABON.
      M'avoir joüé ce trait,
Sans t'en avoir jamais donné aucun sujet.

CLEANTHIS.
Vous estes fous tous deux.

STRABON.
      Me donner, infidelle
Un enfant clandestin.... est-il masle ou femelle.

COMEDIE.
THALER.
C'est une belle fille, & laquelle, ma foy,
Ne vous ressemble guere.

STRABON.
Oh vrayment je le croy.

SCENE IV.

AGELAS, DEMOCRITE, CRISEIS, STRABON, CLEANTHIS, THALER.

DEMOCRITE.

SEigneur, il ne faut pas m'arrester davantage,
Je joüe en vostre Cour un fort sot personnage,
Et quand vous me forcez à rester dans ces lieux,
Je sçay que ce n'est point du tout pour mes beaux yeux.

AGELAS.
Vostre rare merite en est l'unique cause.

DEMOCRITE.
Mon merite : ah! vrayment c'est bien prendre la chose,
Si vous le connoissiez en effet tel qu'il est,
Vous verriez qu'il n'est pas tout ce qu'il vous paroist.

AGELAS.
Icy vostre presence est encore necessaire,
Je veux que vous voyiez terminer une affaire,
Aprés quoy vous pourrez libres dans vos desseins,
Vous, Thaler, & Strabon chercher d'autres destins.

DEMOCRITE,

DEMOCRITE.
Quelle affaire ?
AGELAS.
Je veux qu'un heureux mariage
Par des nœuds éternels à Criseis m'engage.
THALER.
A ma fille... Morgué ces Courtisans de Cour
Ont tous comme cela des varigots d'amour.
CRISEIS.
Il ne faut point, Seigneur, surprendre ma foiblesse
Par le flateur aveu d'une feinte tendresse ;
Je connois vostre rang, de plus je me connois :
Vous respecter, Seigneur, est tout ce que je dois.
AGELAS.
Les Dieux & les destins en vain par la naissance
Ont mis entre nous deux une vaste distance,
J'en apelle à l'amour, il est beaucoup plus fort
Que le sang, que les Loix, que les Dieux, & le sort :
Je veux sur vostre front mettre le Diadéme,
THALER.
Ne va pas t'y fier: ce n'est qu'un stratagéme.

SCENE

COMEDIE.

SCENE V.

ISMENE, AGENOR, AGELAS, CRISEIS, DEMOCRITE, CLEANTHIS, STRABON, THALER.

ISMENE.

Seigneur, il court un bruit, que je ne sçaurois croire,
Il interesse trop mes droits & vostre gloire ?
J'aprens que vous laissant séduire par l'amour,
Vous voulez épouser Criseis en ce jour.

AGELAS.

Le bruit qui se répand ne me fait nul outrage,
Un inconnu pouvoir à cet hymen m'engage,
Et mon choix l'élevant dans ce rang glorieux,
Peut reparer assez l'injustice des Dieux.

DEMOCRITE.

Vous voulez tout de bon en faire vostre femme.

AGELAS.

Jamais aucun espoir n'a tant flaté mon ame.

THALER.

Fatigué queux malin ! rendez-moy mon bijou,
Et je prens, pour partir, mes jambes à mon coû.

AGENOR *donnant le bracelet au Roy.*

Par les soins que j'ay pris, on vient de me le rendre :
Seigneur, je vous l'aporte.

THALER.

On m'a bien fait attendre ;

H

DEMOCRITE,

N'en a t'on rien ôté ?

AGELAS.
Les yeux sont éblouïs
Des traits de feu qu'on voit : mais d'où vient ce rubis ?

THALER.
Du Païs des rubis ; il est à nostre fille.

AGELAS.
Comment ?

THALER.
Ouy, c'est, Seigneur un bijou de famille.

AGELAS.
Eclaircy-nous le fait sans feinte & sans détour.

THALER.
Mais tout ce que je dis est plus clair que le jour.

AGELAS.
Ce discours ambigu cache quelque mystere :
Explique-toy.

THALER.
Morguè je ne suis point son Pere,
Puisqu'il faut vous le dire, & parler tout de bon.

CRISEIS.
Juste Ciel !

THALER.
Je ne fais que luy prester mon nom,
Comme bien d'autres font.

CLEANTHIS.
Le denoûment s'avance.

AGELAS.
Et quel est donc celuy qui luy donna naissance ?

STRABON.
Ce n'est pas moy toûjours.

THALER.
Cette femme, je croy,
Si vous l'interrogez, le dira mieux que moy :

COMEDIE.

La drolesse un matin s'en vint, bon jour bon œuvre,
Jusqu'à nostre maison porter ce biau chef-d'œuvre.
CLEANTHIS.
Moy, quelle calomnie ?
THALER.
Oh, je vous connois bien.
CLEANTHIS.
Qui moy, j'aurois....
THALER.
Ouy, vous.
AGELAS.
Ne dissimule rien.
CLEANTHIS.
Seigneur, j'ay satisfait aux ordres de la Reine,
Qui de son premier lit n'ayant pour fruit qu'Ismene;
Et luy voulant au Trône assurer tous les droits,
M'obligea de porter sa fille dans les bois.
AGELAS.
Puis-je croire, grands Dieux! cette étrange avanture!
Mais helas! n'est-ce point une heureuse imposture?
CLEANTHIS.
Seigneur, ce bracelet avecque ce rubis
Rendent le fait constant.
STRABON
Je reprens mes esprits.
AGELAS.
Il est temps qu'à present, puisque le Ciel l'ordonne,
Je remette à vos pieds le Sceptre & la Couronne ;
Je vous rends vostre bien, Madame, & desormais
Je ne le puis tenir que de vos seuls bienfaits.
CRISEIS.
Je ne me plaignois point du sort où j'estois née ;
Maintenant que le Ciel, changeant ma destinée,

DEMOCRITE,

Veut reparer les maux qu'il m'avoit fait souffrir,
Je me plains de n'avoir qu'un cœur à vous offrir.

AGELAS à Ismene.

Madame, vous voyez mon destin & le vostre,
Le Ciel ne nous a point fait naistre l'un pour l'autre ;
Mais ce Prince pourra, sensible à vos attraits
De la perte du Trône adoucir les regrets.

ISMENE.

Agenor à mes yeux vaut bien un Couronne.

AGENOR.

Seigneur.

AGELAS.

Vous dont je tiens cette aimable personne,
Demandez, je ne puis trop vous recompenser.

THALER

Faites-moy Maltotier toûjours pour commencer.

DEMOCRITE.

Seigneur, depuis long-temps je garde le silence,
Un tel évenement étourdit ma prudence,
Interdit & confus de tout ce que je vois,
J'ay peine à retrouver l'usage de la voix :
Il est temps cependant de me faire connoistre,
Je n'ay point esté tel que j'ay voulu paroistre,
Vrayment foible au dedans, Philosophe au dehors,
L'esprit estoit la dupe & l'esclave du corps :
Deux yeux, deux yeux charmans avoient pour ma
    ruïne
Détraqué les ressorts de toute la machine ;
De la philosophie en vain on suit les loix,
La Nature en nos cœurs ne perd jamais ses droits,
Et comptant nos deffauts je vois plus, je calcule,
Qu'il n'est point de mortel qui n'ait son ridicule ;
Le plus sage est celuy qui le cache le mieux :
J'estois amoureux.

COMEDIE.
AGELAS.
Vous.
CLEANTHIS.
Vous estiez amoureux.
DEMOCRITE.
L'Amour m'avoit forcé, pour traverser ma vie,
Dans les retranchemens de la philosophie :
Voila l'objet fatal, le dangereux écueil,
Où la fiere sagesse a brisé son orgueil.
CLEANTHIS.
Vous aimiez Criseis.
DEMOCRITE
La partie animale
Avoit pris malgré moy le pas sur la morale ;
La Nature perverse entraînoit la Raison,
A l'Univers entier j'en demande pardon.
Adieu....
AGELAS.
Ne partez point, il y va de ma gloire.
DEMOCRITE
Faut-il que j'orne encor vostre charde victoire,
Je ne me trouve pas assez bien de la Cour,
Seigneur, pour y vouloir faire un plus long sejour :
J'ay fait, en m'y montrant une folie extrême,
J'y vint comme un franc sot, & je m'en vais de même,
Trop heureux ! d'en partir libre de passion,
Et d'avoir de critique ample provision ;
J'en ay fait à la Cour un recueil à bon titre,
Je me mets, je l'avoüe, en teste du chapitre
De ceux que l'amour fait à l'excés s'oublier ;
Mais sans le bracelet vous estiez le premier.
Je vais chercher des lieux, où la philosophie
Ne soit plus exposée à cette épilepsie,

DEMOCRITE,

Dans un antre plus creux achevant mon employ,
Je vais rire de vous, riez aussi de moy.

AGELAS.

Tâchons de l'arrester. Nous cependant, Madame,
Allons pour couronner une si belle flâme.

SCENE DERNIERE.

CLEANTHIS, STRABON.

STRABON.

Et bien, que dirons-nous ? partiray-je avec luy ?

CLEANTHIS.

Je suis bien en couroux : si pourtant aujourd'huy
Tu voulois un peu mieux m'aimer....

STRABON.

       Déja coquine,
Tu voudrois me tenir, je le vois à ta mine,
Je te pardonne tout, fais-moy grace à ton tour,
Oublions le passé, renouvellons d'amour:
Je ne seray pas seul, qui d'une ame enchantée
Aura repris sa femme après l'avoir quittée.

FIN.

www.ingramcontent.com/pod-product-compliance
Lightning Source LLC
LaVergne TN
LVHW050634090426
835512LV00007B/839